Callwey

JOCASTA INNES & STEWART WALTON

Das große Decoupage-Vorlagenbuch

Mit 490 Motiven zum Ausschneiden und Dekorieren

AUS NEU
MACH ALT

CALLWEY

Fotografien von Richard Foster

Die Originalausgabe erschien 1995
im Verlag Conran Octopus Ltd., London, unter
dem Titel "The Decoupage Sourcebook".

Gestaltung Alison Barclay
Herausgeber Tessa Clayton
Verantwortlicher Herausgeber
Louise Simpson
Bildbeschaffung Rachel Davies
Produktion Mano Mylvaganam
Fotoregie Sue Storey
Stylist Camilla Bambrough
Assistenz Ron Barber
Modelle Tim Hickmott

Die Deutsche Bibliothek –
CIP-Einheitsaufnahme

Das **grosse Decoupage-Vorlagenbuch** : mit
490 Motiven zum Ausschneiden und Dekorieren ; aus neu mach alt / Jocasta Innes & Stewart Walton. [Übers. aus dem Engl. von
Frank-Michael Kiesgen]. – München : Callwey, 1996
(Callwey creativ)
ISBN 3-7667-1198-9

Schutzumschlaggestaltung Anke Steinbicker,
München, unter Verwendung des Projekts von
Seite 26/27
Satz Fotosatz Buck, Kumhausen
Lithos, Druck und Bindung Mandarin Offset
Ltd., Hongkong

Printed in Hongkong
ISBN 3-7667-1198-9

Der Dank des Verlages geht an folgende Personen und Institutionen für ihre Mithilfe:
Designers Guild, London; Themes and Variations, Westbourne Grove; Thomas Goode, London; C.X.V., London; Divertimenti, London;
The Dining Room Shop, London; David Harvey, Basia Zarzycka, Peter Place, alle London.

Außerdem dankt der Verlag den Fotografen
und Archiven für ihre freundliche Genehmigung zur Wiedergabe einiger Bilder in diesem
Buch:
British Architectural Library, British Museum,
Edimedia, Mary Evans Picture Library, The
Hulton Deutsch Collection, The Illustrated
London News Picture Library, The Robert
Opie Collection, Range/Bettman, St. Bride
Printing Library, alle London.

Alle Rezepte und Anleitungen in diesem Buch
wurden sorgfältig erprobt – eine Haftung kann
dennoch nicht übernommen werden.

Inhaltsverzeichnis

Einführung

Nimmt man ein gedrucktes Bild, so wie es ist oder nach eigenem Geschmack mit der Hand bemalt, schneidet es sauber aus und klebt es auf irgendeinen Gegenstand vom Schmuckkästchen bis zum Wandschrank, so hat man eine Verwandlung bewirkt. Das Schöne an der Decoupage (das Wort leitet sich vom französischen Tätigkeitswort „découper" = ausschneiden her) ist, daß sie selbst dem künstlerisch wenig Bemittelten Gelegenheit verschafft, sich mit fremden Federn zu schmücken. Stehen nur Gewandtheit, Geduld und bescheidene Ausmalfähigkeiten zu Gebote, so ist es jedermann gegeben, einen ganz gewöhnlichen Gegenstand interessanter und reizvoller zu machen.

Die einst unter der Bezeichnung „Kunst des kleinen Mannes" geläufige Decoupage war während des achtzehnten Jahrhunderts zu einer angesehenen Kunstform geworden, die oftmals ein hohes Maß an Fertigkeit erforderte, wie an Mary Delanys aufwendigen Blumencollagen deutlich nachzuvollziehen ist (oben und rechts).

Die Decoupage hatte ihre Blütezeit im späten fünfzehnten Jahrhundert, als in Deutschland kunstvoll bedruckte Zierleisten hergestellt wurden, die auf Möbeln die aufwendige, während der Renaissance groß in Mode stehende Holzeinlegearbeit vortäuschen sollten. Aufgeklebt und dick lackiert, war diese Druck-Patentlösung – zumindest auf eine gewisse Entfernung – vom Original fast nicht mehr zu unterscheiden. Daß es eine Täuschung war, hatte vermutlich Einfluß auf den Preis; gewiß aber hat man den Gebrauch bemalter, der Belebung lackierter Möbel dienender, aus Papier geschnittener Chinoiseriefiguren, Girlanden und Blüten (mit deren Hilfe die Venezianer später frohgemut sich den kostspieligen orientalischen Lackwaren anzunähern versuchten) unter dem Gesichtspunkt der Einsparung betrieben – was ihm jedoch keinerlei Abbruch tut. So taufte man denn auch das Ergebnis dieses unbekümmerten Ausbeutens der in der orientalischen Lackarbeit mühevoll erzeugten Effekte „arte povera" – die Kunst des kleinen Mannes. Die Ironie des Schicksals hat es gefügt, daß erhalten gebliebene Exemplare heute zu astronomischen Preisen den Besitzer wechseln!

Während des achtzehnten Jahrhunderts galt die Decoupage im Verein mit Betätigungen wie Perlen- und Stroharbeiten, Aquarellieren und Musizieren als angemessener Zeitvertreib und geeignete Befähigung für die Damen der besseren europäischen Gesellschaft. Man macht es sich zu leicht, wenn man sie als „Damenvergnügungen" – als solche wurden sie bekannt – gönnerhaft abtut. Viele dieser von teuren Privatlehrern unterwiesenen Frauen waren tatsächlich begabt, und es resultierten einige wahrhaft vorzügliche Arbeiten aus dieser Flut an Schöpferkraft. Eine jetzt im British Museum beheimatete Sammlung ist das Werk von Mary Delany (1700–1788), die als Freundin wie als Gastgeberin Leute vom Schlage eines Jonathan Swift zu bezaubern wußte und der sich schließlich gar die britische königliche Familie geneigt zeigte. In allem, was zu ihrer Zeit groß in Mode war, zeigte Mary Delany sich bewandert. Da sie aber weniger begütert als ihre aristokratischen Freunde war, befaßte sie sich tiefer und ernsthafter mit solch feineren Verrichtungen wie „Ausschneidearbeiten aus Papier". Ihre „botanischen Porträts" aus der exotischen und einheimischen Pflanzenwelt – gänzlich aus geschnittenem und bemaltem Papier gefertigt – sind zugleich wunderbar treffend und peinlich genau ausgeführt; sie zählen zu den faszinierendsten Beispielen noch erhaltener Pflanzenbilder.

Auch der französische Hof Ludwigs XVI. war mittlerweile vom Decoupage-Fieber erfaßt worden. In ihrer Begeisterung für das Verzieren von Fächern, Schatullen und Wandschirmen schnipselten Marie Antoinette und ihre Hofdamen an Werken der Hofmaler vom Range immerhin eines Watteau, Boucher und Fragonard. Rätselhafterweise scheint keine dieser königlichen Decoupage-Arbeiten die Revolution überlebt zu haben. Denkbar ist es aber durchaus, daß eines Tages jemand auf dem Flohmarkt ein mitgenommenes, wenngleich von königlicher Hand verfertigtes Schmuckkästchen entdeckt.

Mit den in der Mitte des neunzehnten Jahrhunderts aufkommenden viktorianischen „Ausschneidebögen" – in Massen hergestellten Sammlungen bunter Bilder – trat die Decoupage in ein neues, ganz und gar häusliches Stadium ein. Das Anfertigen von beklebten Wandschirmen wurde an verregneten Tagen zu einer beliebten Beschäftigung im Kinderzimmer, wo die Kleinen, ganz versunken ins Schnipseln und Kleistern, Mutter und Kindermädchen zu ein paar friedvollen Stunden verhalfen. Die Ausschneidearbeiten unterschieden sich – wie zu erwarten – hinsichtlich Kunstanspruch und Ausführung voneinander. Kühn entworfen sind einige, schön und bunt; viele stellen sich jedoch als ein rechtes Durcheinander von Tieren, Pflanzen und sentimentalen Szenen dar, deren einziger ersichtlicher Daseinsgrund es ist, jeden verfügbaren Zentimeter abzudecken.

Nach der viktorianischen Blütezeit nahm die Beliebtheit der Decoupage allmählich ab. Einige Begeisterte, allen voran Hiram Manning in den USA, unternahmen vor und nach dem Zweiten Weltkrieg tapfere Versuche, diese Kunstfertigkeit mit neuem Leben zu erfüllen. Allein es bedurfte der technischen Neuerungen des späten zwanzigsten Jahrhunderts, wie etwa schnell trocknender Lacke und der Photokopiergeräte, um die Decoupage leichter zugänglich zu machen und ihr zu größerer Beliebtheit denn je zu verhelfen.

Mary Delanys „Arabischer Stern von Bethlehem" (oben) und „Affodill-Lilie" (links). Alle Blütenblätter, Blätter und Staubgefäße wurden schichtweise aus farbigen Papierstückchen geformt.

Die gegenwärtige Decoupage-Praxis läßt sich grob in zwei Schulen teilen: Da gibt es diejenigen, die am liebsten mit bereits farbigem Material arbeiten und Tapetenmuster, Einwickelpapier und Abbildungen in Zeitschriften nach verwertbaren Motiven in satten Farben durchstöbern. Andere bevorzugen Motive in Schwarz-Weiß, die sie sodann nach eigenem Geschmack ausmalen. Die erste Vorgehensweise ähnelt dem viktorianischen „Ausschneide"verfahren – immerzu prächtig, aber irgendwie absehbar. Die zweite steht in Geist und Wirkung der venezianischen arte povera näher und läßt der individuellen Gestaltung mehr Freiraum. Was wir mit diesem Buch versucht haben, ist, jedem erwartungsvollen Neuling soviel qualitätvolles und abwechslungsreiches Material an die Hand zu geben, daß er aus ihm eine Unmenge von Abwandlungen gewinnen kann; darüber hinaus haben wir es mit genügend praktischen Ratschlägen für den Benutzer versehen, daß dieser nun gleich mit Schere und Skalpell loslegen kann.

Werkzeuge und Materialien

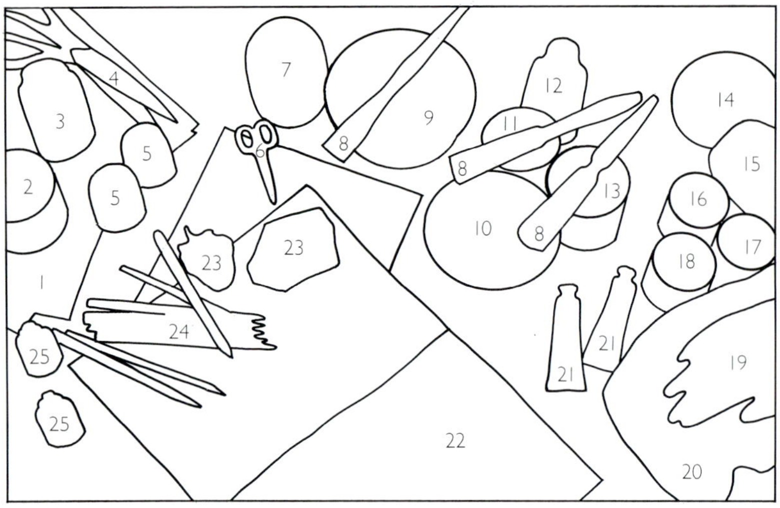

1. Schmirgelpapier
2. Metallgrundierung
3. Acrylgesso als Grundierung
4. Große Schere
5. Acryl-Künstlerfarben
6. Gebogene Fingernagelschere
7. PVA-Kleber
8. Pinsel
9. Tapetenkleister
10. Fingerschale und Naturschwamm
11. Klarer Mattlack
12. Seidenglänzender Acrylfirnis
13. Getönter Firnis
14. Bienenwachs
15. Stahlwolle
16., 17. und 18. Reißlacke
19. Ärztehandschuhe
20. Weiches Tuch
21. Künstler-Ölfarben in der Tube
22. Seiten aus dem Quellenteil (Siehe Seiten 33–96)
23. Farbmotive
24. Buntstifte
25. Aquarelltuschen

Der auch für den Anfänger leichte Zugang zur Decoupage ist dem Umstand zu danken, daß für die Ausführung der Vorhaben keine Spezialwerkzeuge oder -ausrüstung vonnöten sind. Vermutlich werden Sie feststellen, daß Sie bereits mit mehreren – wenn nicht gar allen – in diesem Abschnitt aufgeführten Gegenständen versehen sind. Das wesentliche Decoupage-Werkzeug, die Schere, liegt in den meisten Haushalten bereit; Lacke, Schmirgelpapier und Pinsel „schlummern" häufig in Schränken unterhalb der Treppen oder in Werkzeugkästen für den Fall des Falles. Zum Färben der Motive kann man normale Buntstifte verwenden, zur Grundierung handelsübliche Emulsionsfarbe. Alle hier aufgezählten Artikel erhält man in Baumärkten, Bastel-, Haushalts- oder Künstlerbedarfsgeschäften, und teuer ist keiner.

Durch richtiges Werkzeug erleichtert man sich die Arbeit, doch muß nicht alles im Bild Gezeigte auf einmal angeschafft werden.

Das für alle Decoupage-Vorhaben dieses Buches unbedingt Erforderliche wird unter der Rubrik „Grundausstattung" auf Seite 11, jede darüber hinaus notwendige Ausrüstung von Mal zu Mal je nach dem geplanten Vorhaben aufgeführt.

Quellenmaterial

Der Quellenteil (siehe Seiten 33–96) umfaßt Hunderte von gebrauchsfertigen Schwarz-Weiß-Vorlagen. Die Seiten sind zum leichteren Heraustrennen perforiert; ziehen Sie sie einfach heraus und photokopieren die Motive entweder oder schneiden Ihre Lieblingsdekore aus. Quellenbücher sollen der Decoupage-Arbeit die Beschwerlichkeit nehmen; falls es Ihnen aber Spaß macht, farbigen, ungewöhnlichen oder zeitgenössischen Motiven nachzujagen, so bietet sich beinahe jede Art bedruckten Materials – von Zeitungen und Zeitschriften bis zu Einwickelpapier und Grußkarten – als geeignetes Objekt für eine Plünderung an.

Schneidewerkzeuge

Das wichtigste Teil der Decoupage-Ausrüstung ist das Schneidewerkzeug. Für grobes – und schnelles – Ausschneiden eignet sich eine große Schere gut. Für die Feinarbeit schwören viele Leute auf hochwertige, gebogene Fingernagelscheren, sehr spitz, damit man im Falle eines „Innen"schnittes das Papier einstechen kann, ohne daß es reißt. Anderen liegt ein schmales Handwerkermesser mehr, ein Skalpell oder ein Cuttermesser mit Ersatzklingen. Letztere sind praktisch, da das Papierschneiden scharfe Kanten rasch stumpf werden läßt. Zum Herausziehen benutzter Klingen benötigen Sie zudem eine Zange und eventuell eine Arbeitsunterlage. Behalten Sie auch den Sicherheitsaspekt im Auge: Gehen Sie sorgsam mit dem Skalpell um und bewahren Sie es unerreichbar für Kinder auf.

Vorbereiten der Oberflächen

Damit sie fachgerecht wirkt, sollte die Decoupage auf eine gut vorbereitete Oberfläche aufgebracht werden. Bei blankem Holz, Pappmaché, Metall und MDF-Platten können ein Glattreiben mit Schmirgelpapier und eine nachfolgende Behandlung mit Grundierung und Grundfarbe ausreichend sein; ein Stück aus dem Trödelladen in Originalfarbe oder -lack jedoch zieht man am besten bis aufs Holz ab. Benutzen Sie dazu einen geeigneten Farbentferner (Abbeizer), arbeiten Sie möglichst im Freien und tragen Sie Handschuhe dabei. Streichen Sie das Mittel gemäß der Anleitung auf und lassen Sie Farbe oder Lack weich werden. Nehmen Sie sodann mit Hilfe eines Spachtels die Schichten ab, wobei Sie mit dem Verlauf der Holzmaserung arbeiten. Für die Säuberung bis aufs blanke Holz verwenden Sie Bällchen von mittelgrober Stahlwolle; ein gründliches Abschmirgeln folgt zum Schluß. Spalten, Astlöcher und unansehnliche Beschädigungen sollten mit Holzfüller so ausgefüllt werden, daß dieser hervortritt. Lassen Sie ihn trocknen und schmirgeln dann eben.

Wenn Ihr fertiges Stück wirklich glatt aussehen soll, ist eine Grundierung unerläßlich. Verwenden Sie auf blankem Holz Acrylgesso oder -grundierung, die beide rasch trocknen und eine makellose Oberfläche bilden, sofern Sie mehrere Schichten auftragen und zwischendurch glätten. Eine Metallgrundierung läßt Farbe und Metall gut haften und hält den Rost fern. Dem Grundieren von MDF-Platten mittels Gesso sollte eine Versiegelung mit Orange-Schellack (Knopflack) vorausgehen; entscheidend dabei ist, das Eindringen von Feuchtigkeit über die „Endfaser“ (die beschnittenen Seiten) zu verhindern.

Besorgen Sie sich Schmirgelpapier in unterschiedlicher Körnung – von grob für das Abreiben von Holz bis fein, um eine Grundierung glatt wie Porzellan polieren zu können. Schmirgeln Sie stets in Richtung der Holzmaserung, niemals entgegengesetzt. Naßschmirgelpapier – umsichtig angewendet – ist genau das Richtige zum Glätten von Farben und Lacken. In Wasser getaucht und leicht mit Seife eingeschmiert, gestaltet es das Schleifen sanfter und verhindert so, daß zuviel Farbe oder Lack auf einmal weggenommen wird. Weiche bis mittelharte Stahlwolle eignet sich ebenso fürs Glätten; stauben Sie danach jedoch sehr sorgfältig ab.

Farben

Die in Großbritannien, Kanada und auch Australien erhältlichen Farben der Firma Paint Magic sind in Deutschland leider nicht auf dem Markt. Ihnen entsprechen in etwa die handelsüblichen Plakat-Temperafarben. Diese decken gut, trocknen schnell und ergeben eine feine, dichte Oberfläche. Auch vorzüglich, jedoch teurer sind Plaka-Acrylfarben; ersatzweise können auch Emulsionsfarben verwendet werden.

Künstler-Acrylfarben in Tuben oder Töpfen eignen sich hervorragend zum Kolorieren der Bilder, da sie – sobald trocken – dauerhaft halten. Vor der Anwendung müssen sie mit Wasser verdünnt werden, bis sie durchsichtig sind. Vermeiden Sie trübe Farben, weil durch sie Druckdetails Ihrer Bilder zugedeckt werden. Besonders zarte Farbwirkungen lassen sich auch mit Hilfe von Aquarelltuschen und Buntstiften erzielen. Zumindest drei Aquarellpinsel – ein feiner, ein mittlerer sowie ein dicker – sind zum sauberen Auftragen der Farben erforderlich. Nach dem Gebrauch gründlich auswaschen.

Druck-Versiegler und Klebstoffe

Für das „Versiegeln“ der Decoupage-Motive vor dem Ausschneiden ist PVA-Kleber, verdünnt mit Wasser (1 Teil PVA und 2 Teile Wasser) von unschätzbarem Wert. Er verhindert, daß das Papier sich dehnt und die Tusche verläuft. Tupfen Sie ihn leicht mit Hilfe eines weichen Pinsels auf. Nach dem Trocknen kann das Papier ein wenig knittrig aussehen, aber keine Sorge: Wenn die Motive erst einmal aufgeklebt sind, erscheinen sie vollkommen eben. Hervorragend eignet sich Tapetenkleister für das Aufkleben, da er lange genug zum Trocknen braucht, so daß man die Motive noch versuchsweise hin und herschieben kann; auch hinterläßt er keinerlei Spuren von Klebrigkeit oder Verfärbung. Mit einem kleinen, weichen und wenig feuchten Schwamm läßt sich auf die Grundfarbe durchgesickerter Kleister wegwischen.

Firnisse

Die Behandlung mit Firnis macht das eigentliche Geheimnis der fachmännisch wirkenden Decoupage aus. Bei alten Stücken erfolgte der Auftrag 30 bis 40 Mal, wodurch deren Oberfläche glatt wie Glas wurde; gängige Praxis ist solcher Perfektionismus jedoch nicht mehr. Im allgemeinen reichen fünf bis zwölf Schichten vollauf. Wer selbst hier zum Verzagen neigt, möge bedenken, daß heutige Firnisse – besonders die aus Acryl – sehr schnell trocknen.

Entscheiden Sie sich für einen Firnis immer im Hinblick auf das jeweils vorliegende Stück. Rein dekorative Stücke können ganz mit schnell trocknendem und nicht zum Vergilben neigendem Acrylfirnis bearbeitet werden, wobei nach den ersten drei bis vier Lagen und sodann nach jeder weiteren poliert (mit Naßschleifpapier oder feiner Stahlwolle abgeschmirgelt) wird. Bei Stücken, die widerstandsfähigeren Schutz brauchen, sollten die letzten Lagen aus klarem Polyurethanlack bestehen. Zwar wird dieser im Laufe der Zeit ein wenig gelb – bei 10%iger Verdünnung mit Terpentinersatz geringfügiger –, doch hat ein leichter Gelbton eine durchaus reizvolle „antikisierende“ Wirkung.

Bleich-Schellack (Weißlack) auf Spiritusgrundlage trocknet schnell und glänzt stark; er macht die Farben satt und leuchtend, wie sie für die Stücke aus dem achtzehnten Jahrhundert charakteristisch sind. Da Schellack dünn ist, muß beim Glätten besonders sorgsam vorgegangen werden, damit man nicht auf die Farbe durchstößt.

Lassen Sie Firnisse – wenn möglich, über Nacht – stets aushärten und tragen Sie sie mit einem feuchten, weichen Pinsel auf, wobei Sie jede neue Lage rechtwinklig zur vorhergehenden streichen, um sowenig Pinselspuren wie möglich zu hinterlassen. Sparen Sie nicht am Abschmirgeln, da dieses nicht nur eventuell im Lack verbliebene Splitter oder Haare beseitigt, sondern auch den Belag verfestigt und der Arbeit zu einem schönen, soliden Aussehen verhilft.

Besondere Oberflächenbearbeitungen

Eine Craquelé-Oberfläche läßt sich erzielen, indem man einen schnell trocknenden Lack auf Wasserbasis über einem langsamer trocknenden auf Ölgrundlage aufträgt. Wenn diese beiden – in einer Zweierpackung angebotenen – Lacke miteinander reagieren, lassen sie eine mit Rissen durchsetzte Oberfläche entstehen, welche das Decoupage-Stück – nach zusätzlicher Behandlung mit Ölfarbe – augenblicklich „alt“ aussehen läßt. Heute hat man die Wahl zwischen Craquelé-Sorten, die für jede Decoupage-Arbeit den passenden Riß – ob fein oder breit – liefert.

Wachse

Manche Hobbykünstler geben ihren fertigen Decoupage-Stücken gern allerletzten Glanz durch Polieren mit Bienenwachs oder auch ganz gewöhnlicher Schuhcreme. Reiben Sie diese mittels eines weichen Tuches ein und lassen sie vor dem Polieren einige Stunden trocknen.

Dies und das

Dünne Ärztehandschuhe sind praktisch bei Schmutzarbeiten wie dem Farbenabbeizen oder dem Schmirgeln; Lappen, vorzugsweise solche aus weicher Baumwolle, sind stets nützlich, ebenso wie Deckelgefäße, alte Zeitungsbögen und Paletten zum Farbanmischen. Eine kleine Schale mit Wasser hält Schwämme feucht und Finger sauber.

Grundausstattung

Es folgt eine Auflistung der für alle in diesem Buch angeführten Vorhaben gleichermaßen notwendigen Ausrüstung. Beginnen Sie mit dieser kleinen Zusammenstellung und erweitern Sie sie nach und nach um Farben und Lacke.

Eine gebogene Fingernagelschere oder ein Skalpell zum Feinschneiden
Größere Schere zum groben Schneiden
Pinsel zum Versiegeln, Malen, Kleistern und Lackieren (Firnissen)
Tapetenkleister
PVA-Kleber
Naturschwamm
Fingerschale und Wasser
Weiche Lappen

Photokopieren

Der Umstand, daß das Photokopieren allenthalben möglich geworden und zudem sehr preisgünstig ist, hat der Decoupage ohne Zweifel enormen Auftrieb gegeben. Anstatt wegen eines Bildes, an dem man einen Narren gefressen hat, Quellenbücher zu zerlegen, kann man die Seite – oder auch nur das Bild – innerhalb von Sekunden reproduzieren, und das mit 100%iger Genauigkeit. Nur wenige verfügen über eine eigene Photokopierausrüstung; ein jeder aber, der die Decoupage als lohnenden Nebenerwerb anzusehen geneigt ist, wäre gut beraten, einmal die Kosten zu überschlagen. Für gelegentliche Vorhaben läßt man sich am besten die Bilder photokopieren. Antiken Drucken nachspüren und sie dann schuldbewußt ausschneiden – diese Zeiten sind lange vorbei.

Vergrößern und Verkleinern von Bildern

Selbst in den meisten Kleinstädten gibt es jetzt zumindest einen Laden, wo man Photokopierarbeiten nach eigenen Vorgaben ausführen lassen kann. Große Bilder können um 50% verkleinert, kleine beliebig um bis zu 400% vergrößert werden. Heutige Farbkopierer bieten noch viele weitere raffinierte Möglichkeiten, wie etwa das Anfertigen von „Negativen", Weiß-auf-Schwarz-Bildern, oder von beidseitigen Farbkopien; Sie werden aber feststellen, daß es in den allermeisten Fällen um die rechte Größe geht.

Das Herumprobieren mit Vergrößern und Verkleinern der Bilder, bis diese richtig auf Schachtel, Vase oder Möbelstück passen, kann ganz schön kostspielig sein. Ermitteln Sie deshalb – wenn möglich, bevor Sie Ihre Motive kopieren lassen – das genaue Maß an Vergrößerung, das Sie brauchen, indem Sie folgende Formel anwenden:

$$\frac{\text{Gewünschte Bildgröße}}{\text{Originalgröße}} \text{ x } 100$$

Wenn zum Beispiel ein 7 cm langes (breites) Bild eine gut 20 cm lange Schachtel schmücken soll, so brauchen Sie eine Vergrößerung von 285% (20 : 7 x 100 = 285).

Sehr große Vorlagen jedoch erfordern eine etwas andere Vorgehensweise. Wenn Sie Glück haben, bietet Ihr ortsansässiger Photokopierladen die Möglichkeit, auf das Format DIN A0 – das Äußerste bei Spitzenkopierern – zu vergrößern. Wahrscheinlicher aber ist es, daß Sie sich mit DIN A2 oder A3 zufriedengeben müssen. Wollen Sie ein kleines gedrucktes Bild in ein riesiges verwandeln – wie die für eine Attrappe verwendete Tiger-Vorlage (siehe Seite 19 und 58 des Quellenteils) –, so empfiehlt es sich, das Bild in Abschnitten zu reproduzieren. Kopieren Sie zunächst Ihr Motiv auf A3-Papier in solcher Vergrößerung, wie sie die Seite noch faßt. Um zu einer noch beträchtlich weiteren zu gelangen, teilen Sie die A3-Photokopien in sechs Abschnitte (siehe rechts), deren jeden Sie wiederum so groß wie möglich auf A3-Papier kopieren. Die sich ergebenden „Puzzle"-Teile fügen sich – sorgfältig mit Hilfe von Lineal und Skalpell ausgeschnitten – zu einer in allen Einzelheiten vollkommen identischen Vergrößerung des Originals zusammen. Säuberlich aufgeklebt, sehen die Teile gerade so wie ein zusammenhängendes Bild aus; Firnisschichten schließlich machen die Verbindungsstellen unkenntlich.

Das gleiche Verfahren wurde bei der Vergrößerung der klassischen Figuren für den griechischen Wandschirm (siehe Seiten 30–31) angewandt, obgleich die Originalvorlagen sich in der Größe geringfügig unterschieden und vor Arbeitsbeginn nach einer Norm vereinheitlicht werden mußten.

Größere auf diese Weise gewonnene Bilder lassen sich sehr leicht zu Attrappen oder Kaminaufsätzen gestalten, indem man sie mittels Tapetenkleister auf eine passende MDF-Platte klebt. Lassen Sie das Bild trocknen und schneiden es sodann rundum mit einer Laubsäge aus. Mit Hilfe feinkörnigen Schmirgelpapiers glätten Sie die Ecken, woraufhin angemalt, versiegelt und mit Firnis behandelt wird. Hängen Sie das fertige Stück an die Wand oder befestigen Sie es an einem einfachen Holzständer.

Farbkopieren

Eine weitere reizvolle Möglichkeit eröffnet der Farbkopierer. Die für unsere Geschenkschachteln (siehe Seiten 28–29) verwendeten bunten Schmetterlinge waren einmal Schwarz-Weiß-Bilder. Nach entsprechender Programmierung des Photokopiergeräts entstand auf Knopfdruck eine völlig andere Art von mauvefarbenen Schmetterlingen. Nicht alle Bilder einer Seite müssen übrigens von gleicher Farbe sein; falls Ihnen der Sinn nach Experimenten steht, können Sie den Apparat so programmieren, daß er jede einzelne Seite mit unterschiedlichen Farben versieht.

Da Farbkopieren teuer werden kann, versuchen Sie, aus jeder Seite so viele Bilder wie möglich zu ziehen. Denken Sie daran, daß nicht alle Photokopierläden über Laser-Farbkopierer verfügen; schauen Sie also zunächst, welche Möglichkeiten sich Ihnen bieten.

Hinweise und Ratschläge

Heutige Photokopierer vergrößern verzerrungsfrei und ohne daß irgendein Detail verlorenginge. Es könnte Ihnen jedoch, nachdem Sie eine ziemliche Menge photokopiert haben, auffallen, daß die Farbstärke ganz beträchtlich schwankt, so daß einige Kopien in sattem Schwarz und Weiß und andere in Mittelgrau daherkommen. Gewöhnlich geschieht so etwas, wenn der Toner in einem den ganzen Tag über betriebenen Gerät ausgeht; versuchen Sie deshalb, Ihre gesamte Photokopierarbeit in einem Schwung zu erledigen. Für eine Zusammenstellung häufig wiederholter Vorlagen können Sie die photokopierten Bilder ausschneiden, auf einen normalen A3-Bogen kleben und wieder kopieren.

Strichzeichnungen und Stiche eignen sich besser zum Photokopieren als Halbtonvorlagen, bei denen die dunklen Flächen aus einer Unzahl schwarzer Punkte gebildet werden. Eine starke Vergrößerung dieser Punkte ergibt ein fleckiges, wenngleich immer noch erkennbares Bild.

Originalgröße

A3-Kopie

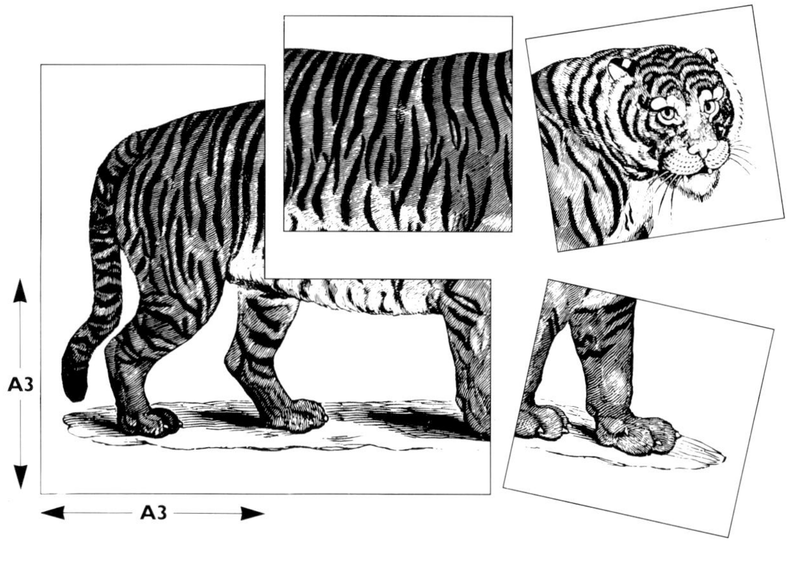

Vergrößern eines Bildes (von oben nach unten):
1. Vergrößern Sie das Motiv auf A3-Papier.
2. Schneiden Sie dieses in sechs Teile und vergrößern Sie einen jeden auf A3-Format.
3 Fügen Sie alle Teile zu einem zusammenhängenden Bild.

Ausgefallene Rahmen

Der ideale Anwendungsfall für die Decoupage ist der Bilderrahmen, dessen strenge Form eine Herausforderung an die Phantasie darstellt: Man kann den Rahmen vollständig mit Bildern zudecken oder nach dem Grundsatz „Weniger ist mehr“ verfahren und nur hier und da nach Maßgabe des inneren Auges einen Dekor anbringen. Sie können einen Rahmen in Anspielung auf seinen Inhalt „thematisch“ gestalten: hübsche Blütenmuster für einen Schnappschuß von Oma als kleines Mädchen, Amoretten für ein Liebespaar, Insekten und Krabbelgetier für einen unartigen Buben.

Einfache neue Holzrahmen sind zudem billig und leicht für die Decoupage vorzubereiten. Glätten Sie rauhe Stellen mit Hilfe mittelfeinen Schmirgelpapiers, füllen Sie alle klaffenden Risse mit Holzfüller, den Sie nach dem Trocknen flachschmirgeln. Tragen sie einige Lagen Acrylgesso als Grundierung auf, wobei nach einer jeden abgeschmirgelt wird, und sodann die von Ihnen ausgesuchte Grundfarbe.

Ein Schlußfirnis ist bei rein dekorativen, keinerlei Abnutzung unterliegenden Gegenständen nicht so wichtig. Das Craquelé – die antikisierende, „rissige“ Oberflächengestaltung, wie sie auf dem Muschelrahmen in unserer die einzelnen Arbeitsschritte dokumentierenden Fotoserie zu sehen ist – kann wahlweise vorgenommen werden, ist aber auf ideale Weise dazu geeignet, den Motiven statt eines spröde-grafischen ein zartes Aussehen zu verleihen.

Was Sie benötigen

Grundausstattung (siehe Seite 11)
Holz-Bilderrahmen
Fisch- und Muschel-Motive (siehe Seiten 52–55)
Klebgummi oder wieder ablösbarer Kleber (z.B. Fixogum)
Acrylfirnis
(„Feinriß“)-Acryl-Reißlack
Künstler-Ölfarbe aus der Tube (umbrafarben)

1

2

1 Tragen Sie die ausgewählten Motive zusammen. Sie können die Seiten mit den Vorlagen entweder direkt aus dem Quellenteil (siehe Seiten 33–96) herausreißen oder die von Ihnen bevorzugten Motive photokopieren. Überziehen Sie im letzteren Fall mit Hilfe eines Pinsels den gesamten zu verwendenden Bogen mit einer feinen Schicht aus verdünntem PVA-Kleber (ein Teil PVA auf zwei Teile Wasser), der verhindert, daß die Tonerfarbe verläuft und das nicht so feste Photokopierpapier verstärkt.

2 Wenn der verdünnte PVA-Kleber trocken ist (innerhalb von etwa 20 Minuten), schneiden Sie die Motive zunächst grob mit einer großen Schere, sodann die Einzelheiten sorgfältig unter Verwendung einer scharfen Fingernagelschere aus. Kniffliges Schneiden läßt sich mit Hilfe eines Skalpells schneller erledigen; man bediene sich seiner jedoch stets mit äußerster Umsicht.

3

3 Probieren Sie aus, wie die Motive auf dem vorgrundierten Rahmen am besten wirken. Dies ist der schöpferische, viel Spaß bereitende Teil, an den einige Zeit zu wenden wohl lohnt. Als Regel kann gelten, daß unsymmetrische Anordnungen oder solche, bei denen die Motive über die Kanten hinausreichen, interessanter wirken als gerade ausgerichtete. Befestigen Sie die Ausschnitte provisorisch mit Klebgummi oder Fixogum am Rahmen und – sollte Ihnen das helfen – kennzeichnen Sie die endgültige Position mit Bleistift.

4 Überziehen Sie den gesamten Rahmen mit einer dünnen Schicht Tapetenkleister. Da dieser nicht sofort trocknet, bleibt die Oberfläche „offen", wenn es ums Verteilen der ausgeschnittenen Bilder geht, die man leicht hin und her gleiten lassen kann. Als nächstes bestreichen Sie die Rückseite eines jeden einzelnen Motivs mit demselben Kleister.

5 Verstreichen Sie den Kleister glatt, gießen Sie ihn niemals auf – eine dünne Lage reicht! Legen Sie die Motive in der zuvor festgelegten Anordnung aus; glätten Sie sie zunächst mittels eines Pinsels, sodann mit einem weichen Lappen, indem Sie die Luftblasen herausdrücken. Man beginnt am besten in der Mitte des Motivs und arbeitet nach außen.

6 Wenn nach wenigen Stunden der Rahmen einigermaßen trocken ist, sollten Sie ihn sanft mit einem feuchten, weichen Schwamm abwischen, um den Kleister von der Grundierung zu entfernen. Obgleich eigentlich nicht notwendig, können Sie die Arbeit, sobald sie getrocknet ist, mit einer ersten Schicht Acrylfirnis versiegeln.

4

5

7 Warten Sie etwa eine halbe Stunde, bis dieser trocken ist; bestreichen Sie sodann den gesamten Rahmen mit der ersten, langsam trocknenden Schicht Reißlack. Falls er zum Auftragen zu dick und zäh ist, lassen Sie sich nicht dazu verleiten, Wasser beizugeben; befeuchten Sie lediglich Ihren Pinsel vor dem Eintauchen in den Reißlack mit ein wenig Wasser. Jetzt müßte er sich sanfter und gleichmäßiger verstreichen lassen. Prüfen Sie bei hellem Licht, ob Sie auch keine Stelle vergessen haben: Der Lack erscheint feucht und glänzend. Lassen Sie den Rahmen etwa 20 Minuten einziehen, bis er sich beim Berühren trocken, auf Fingerdruck jedoch gerade noch klebrig anfühlt.

8 Tragen Sie nun die zweite, schnell trocknende Craquelé-Schicht so auf, daß die erste vollständig abgedeckt wird. (Prüfen Sie erneut, ob die gesamte Rahmenfläche bestrichen ist. Jede ausgelassene Stelle wird nämlich noch klebrig sein, wenn Sie daran gehen, die Ölfarbe einzureiben, und zeichnet sich später als dunkler Fleck ab.) Beim Trocknen macht diese Schicht die darunterliegende, langsamer trocknende „rissig". Da beide Schichten durchsichtig sind, ist Aufregendes nicht zu erwarten. Hält man den Rahmen ins Licht, werden auf der gesamten Oberfläche dünne Risse sichtbar. Am besten legt man das Stück über Nacht beiseite, so daß das „reißerische" Werk auf natürliche Weise zur Vollendung gelangen kann.

9 Hiermit treten wir in das aufregende Stadium ein. Ziehen Sie Gummihandschuhe an, tupfen Sie auf einen weichen Lappen eine kleine Menge der Künstler-Ölfarbe – Umbra oder gebrannte Umbra ergeben beide einen schön „schmutzigen" Farbton – und reiben Sie reichlich Farbe über den ganzen Rahmen. Begehen Sie nicht den Fehler, Acrylfarbe zu verwenden, von der nur eine häßliche Schmiere übrigbleiben würde. Lassen Sie die Farbe sich einige Minuten setzen, bevor Sie mit einem sauberen, weichen Lappen darüberfahren. Sie werden sehen, daß sich die dunkle Farbe in den Rissen niederläßt und diese dabei erstmals als kompliziertes Geflecht aus feinen Linien sichtbar werden. Doch reiben Sie nicht zu sehr, sonst beseitigen Sie die meiste Farbe von der übrigen Oberfläche. Sollten Sie irgendwelche Stellen beim zweiten Lackieren ausgelassen haben, werden sich jetzt dunkle Flecken auf dem Rahmen zeigen. Ist dies der Fall, so benetzen Sie einen Wattebausch mit Terpentinersatz und reiben sanft über diese Stellen, um die Farbe anzulösen. Da sich dabei bedauerlicherweise auch die Risse auflösen können, ist behutsam zu Werke zu gehen. Lassen Sie die Ölfarbe einen oder zwei Tage aushärten; bearbeiten Sie schließlich das Stück mit so vielen Acryl-Firnisschichten, wie Sie bei Ihrem ersten Meisterwerk für angemessen erachten. Zwei oder drei Lagen reichen zur Bildung einer glatten, festen Oberfläche, die hin und wieder abgestaubt oder -gewischt werden kann, allemal aus.

Dschungelfieber

Stämmige Truhen und Bettkästen mit Decoupage zu verzieren, bereitet den allergrößten Spaß. Es drängte uns, auf der hier gezeigten Spielzeugkiste eine Orgie von Farben und interessanten Einzelheiten gleichsam als eine Steigerung der munteren, vielgeliebten „Ausschneidearbeiten“ in viktorianischen Kinderzimmern zu entfesseln. Das Ausmalen der Motive nimmt Zeit in Anspruch; mit Buntstiften aber gestaltet es sich so therapeutisch wirkungsvoll wie unterhaltsam. Seien Sie mit den Farben nicht zu pingelig und wirklichkeitsgetreu – entscheidend ist die strahlende und heitere Wirkung. Und vergessen Sie die Innenseite nicht: Bemalen Sie sie in einer Kontrastfarbe und kleben Sie als Überraschung ein Zebra oder einen Hummer auf den Boden.

Die fast lebensgroße, über der Kiste wachende Tigerattrappe macht besonderen Spaß bei der Herstellung (siehe Seiten 12–13). Lassen Sie sich nur nicht durch ihre Größe abschrecken. Dieses Vorhaben eignet sich ganz wunderbar für kleine Helfer, da das Ausmalen größerer Vorlagen eine nicht ganz so knifflige und genau auszuführende Arbeit darstellt.

Eine neue Kiste in tadellosem Zustand braucht zur Vorbereitung für das Bemalen nur leicht abgeschmirgelt zu werden; bei alten Kisten hingegen könnte es notwendig sein, sie zunächst von der alten Farbe zu befreien (siehe Seite 10), sodann abzuschmirgeln und mit zwei oder drei Lagen Acrylgrundierung zu versehen. Gönnen Sie der grundierten Kiste zwei Anstriche mit Grundfarbe, glätten Sie sie leicht und versiegeln sie mit einer Lage Acrylfirnis.

Was Sie benötigen

Grundausstattung (siehe Seite 11)
Holzkiste oder große Schachtel
Säugetier-, Fisch- und Insekten-Motive (siehe Seiten 50–61)
Acrylfirnis, Polyurethanfirnis
Feine Stahlwolle, Naß- und Trockenschleifpapier

1 Verwenden Sie zum Ausmalen Ihrer Motiv-Menagerie gut gespitzte Buntstifte. Versiegeln Sie die Malerei mittels verdünnten PVA-Klebers (siehe Seite 15) und lassen sie vor dem Ausschneiden trocknen. Legen Sie die farbigen Stücke ungefähr in Form Ihres Entwurfes aus, bestreichen Sie sodann deren Rückseite sowie die Seiten- oder Oberfläche der Kiste mit Tapetenkleister. Legen Sie die Motive an und schieben, bis die Anordnung stimmt. Ein allfälliger Riß läßt sich in diesem Stadium so gut ausbessern, bis nichts mehr zu sehen ist. Glätten Sie die Stücke, zunächst mit dem Kleisterpinsel, sodann mit einem weichen Tuch. Wenn alles trocken ist, wischen Sie überschüssigen Kleister mit einem feuchten Schwamm weg.

2 Nachdem die Kiste über Nacht getrocknet ist, tragen Sie wenige Lagen schnell trocknenden Acrylfirnisses auf, um die Arbeit zu „fixieren". Da Spielzeugkisten eine strapazierfähige Versiegelung benötigen, schließen Sie die Behandlung mit einigen Lagen klaren Polyurethanfirnisses ab, wobei nach der ersten unter Verwendung feiner Stahlwolle abzureiben ist (gründlich entstauben) und nach jeder weiteren mit Naßschmirgelpapier, das mit Wasser befeuchtet und mit Seife eingeschmiert wurde. Wischen Sie jedesmal ab. Es empfiehlt sich, für die ersten Schichten den Polyurethanfirnis zu verdünnen (10 Teile Firnis auf ein Teil Terpentinersatz), da er sich dann leichter verstreichen läßt und mit der Zeit weniger gilbt.

Schachtel mit Eichblatt-Verzierung

Diese schönen Holzschachteln wurden grundiert, in Mais-, Kastanien- und Grüntönen mit Acrylfarben bemalt sowie mit Blumen und Herbstfrüchten verziert. Von allen unseren Arbeiten sind es diejenigen, die mit den meisten – nämlich fünfzehn – Lagen Acrylfirnis versehen wurden, was ihnen nahezu die Glätte von Lack verliehen hat.

Was Sie benötigen

Grundausstattung (siehe Seite 11)
Holzschachtel
Eichblatt-Motive (siehe Seite 38)
Gelbe und grüne Künstler-Acrylfarbe
Bleistift
Skalpell
Lineal oder Zeichendreieck
„Breitriß“-Acryl-Reißlack
Künstler-Ölfarbe aus der Tube (umbrafarben)
Mittelfeines Schmirgelpapier
Matten Acrylfirnis

1

1 Das Verzieren runder Schachteln mit Motiven, die sich vom Deckel über die Seiten erstrecken, erfordert einiges knifflige Zusammenstückeln, damit die flachen Papierformen am gebogenen Rand richtig anschließen. Motive müssen zerschnitten und am Rand „unsichtbar" verbunden werden, da Papier sich ja nicht rund darüberbiegen läßt. Es macht nichts, wenn die Verbindungsstellen auf Ihrem fertigen Stück zunächst noch zu sehen sind – durch die vielen Firnisschichten werden sie gänzlich unkenntlich.

Kolorieren Sie Ihre Motive unter Verwendung von verdünnten Künstler-Acrylfarben in angemessenen herbstlichen Tönen und versiegeln sie mit verdünntem PVA-Kleber (siehe Seite 15); kleben Sie sie sodann mit Tapetenkleister auf den Deckel der Schachtel und schneiden mit Hilfe einer Schere oder eines Skalpells entlang dem gebogenen Rand ab. In der Abbildung wird gerade das Gegenstück zum gestutzten Eichblatt für den Schnitt gekennzeichnet, damit es sich dem Motiv auf dem Deckel anfügt.

2

2 Markieren Sie mit dem Bleistift, wo das Blatt rund um den unteren Deckelteil erneut zu schneiden ist, wobei Sie einen schmalen Kleberand lassen. Mag dies auch knifflig erscheinen, so lohnt sich die Mühe im Interesse eines glatten Motivflusses um die Schachtel doch. Versehen Sie sich, wenn Sie diese Schneidearbeit in Angriff nehmen, mit einigen Ersatzstücken, die – sollten Sie sich beim Abmessen vertan haben – hilfreich sind.

3

3 Kleben Sie den letzten Abschnitt des Eichblattes so auf, daß er das Motiv des Deckels fortsetzt. Vergewissern Sie sich, daß die Motive ganz eben auf den Schachteln sitzen, da diese häufig in Gebrauch sein werden. Viele Firnislagen werden indessen schon dafür sorgen, daß alles an der richtigen Stelle bleibt.

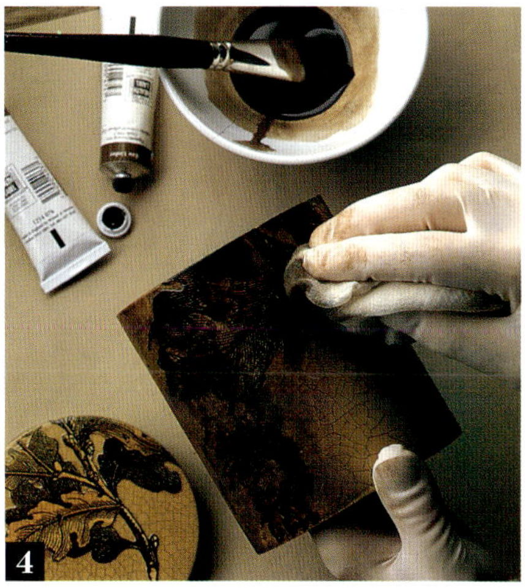

4

4 Als nächstes tragen Sie einen breite Risse bildenden Craquelé-Lack auf (siehe Seite 17). Wenn dieser trocken ist, reiben Sie die „antikisierende" Tuben-Ölfarbe Umbra mittels eines weichen Tuches über die gesamte Oberfläche, damit die Farbe in die Risse dringt und das Craquelé hervorhebt. Lassen Sie ein bis zwei Tage trocknen und tragen sodann mehrfach Lagen von mattem Acrylfirnis auf, wobei Sie nach den ersten zwei oder drei Lagen mit mittelfeinem Schleifpapier abschmirgeln.

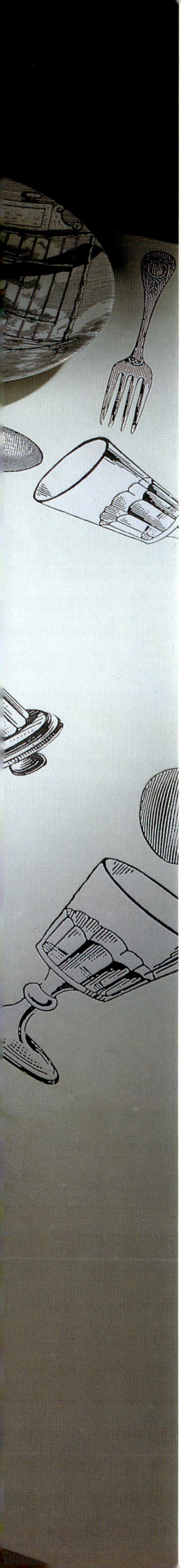

Tischlein-deck-dich

Was Sie benötigen

Grundausstattung (siehe Seite 11)
Quadratisches Stück Furnierholz
Mittelkörniges Schleifpapier
Acrylgrundierung
Grundierweiß
Klaren Acrylfirnis
Besteck- und Geschirr-Motive
(siehe Seiten 72–75)
Lineal

Diese originelle Tischplatte mit ihrem Trompe-l'œil-Eßbesteck ist im Grunde ein robustes Quadrat aus Furnierholz. Um zu einer schönen, glatten, für die Decoupage geeigneten Oberfläche zu gelangen, schmirgeln Sie es gründlich unter Verwendung von mittelkörnigem Schleifpapier ab und tragen sodann drei Lagen Acrylgrundierung auf, wobei zwischendurch abgeschliffen wird. Damit die Platte sich nicht verzieht, müssen unbedingt beide Seiten grundiert werden. Als oberste Schicht streichen Sie Grundierweiß auf und versiegeln schließlich nach dem Trocknen mit klarem Acrylfirnis.

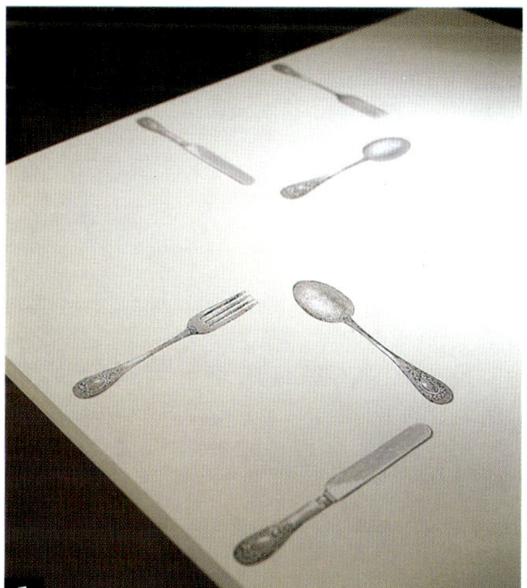

1

1 Zunächst ist das Furnierholz zu grundieren und vorzubereiten (siehe oben). Versiegeln Sie das „Besteck"-Papier mit verdünntem PVA-Kleber (siehe Seite 15). Legen Sie in gleichmäßigen Abständen ein „Gedeck" pro Seite aus. Um ein Gefühl für angemessene Abstände zu bekommen, bedienen Sie sich eines richtigen Eßtellers.

2 Kleben Sie das erste Gedeck mit Tapetenkleister auf und richten Sie sodann, ausgehend von diesem, die anderen mit Hilfe eines Lineals aus. Verfahren Sie aber nicht gar zu mathematisch – hier geht es um den Spaß. Wir haben einen hübschen Gewürzständer, vier Weingläser sowie einen Schmetterling hinzugefügt – wegen ihrer schönen Form, und weil sie passen. Ein makelloses Aussehen ist bei solcher Art grafischer Dekoration unerläßlich. Behandeln Sie den Tisch gründlich mit klarem Acrylfirnis und glätten Sie zwischen den einzelnen Lagen.

2

1 Verwenden Sie einen mit Terpentinersatz befeuchteten Lappen, um Metallgegenständen jegliche Spur von Rostentferner oder fettigen Fingerabdrücken zu nehmen, und dann einen normalen Pinsel, um die Oberfläche mit einer Metallgrundierung zu versehen. Diese Arbeitsphase dürfen Sie auf keinen Fall auslassen. Metallgrundierung haftet gut auf Metallflächen und baut späterer Rostentstehung vor; es lohnt sich mithin sehr, Metall diesen zusätzlichen Schutz angedeihen zu lassen, zumal Rost sich am Ende durch jede Farbdecke frißt und diese mit Flecken verunstaltet.

Tragen Sie die Grundierung auf und lassen sie trocknen. Um eine besonders glatte Oberfläche zu erhalten, empfiehlt sich in diesem Stadium ein Darübergehen mit Schmirgelpapier (hier trocken verwendet) und ein erneuter Auftrag. Damit sich bei der Decoupage-Arbeit der rechte Erfolg einstellt, muß die Metalloberfläche sehr glatt gearbeitet werden.

Sobald die Grundierung trocken ist, streichen Sie mit graugrüner Acrylfarbe darüber. Es könnten wiederum zwei Schichten nötig sein, um die Grundierung vollständig abzudecken.

2 Versiegeln Sie Schwarz-Weiße Muschel-Motive mit verdünntem PVA-Kleber (siehe Seite 15). Schneiden Sie sie aus und kleben sie mit Tapetenkleister auf, wobei Sie rund um die oberen Vasenteile mit den größeren Muscheln beginnen, um mit den schmalen, spitz zulaufenden am unteren zu enden. Da Tapetenkleister langsam trocknet, haben Sie reichlich Zeit, um bei der Motivanordnung Änderungen vorzunehmen.

Muschel-Vase

Diese kegelförmige Metallvase in ihrem Drahtgestell gehört genau zu der Art von billigen, schlichten Stücken, welche die Decoupage in etwas Besonderes zu verwandeln vermag. Die Decoupage-Bearbeitung von Metallgegenständen führt zu rundum befriedigenden Ergebnissen. Sie erfordert jedoch eine ganz andere Grundierung; und in manchen Fällen muß zuvor entrostet werden.

Dieses Stück wurde aus neuem Metall gestaltet, weshalb man sich weder über abblätternde Farbe noch Rostflecken Gedanken machen mußte. Eine alte Metalldose oder -kiste würde da schon wesentlich mehr Probleme bereiten. Rost behandelt man am besten mit einem Marken-Rostentferner gemäß der Anleitung. Wenn das Präparat den Rost aufgeweicht hat, reiben Sie die Oberfläche mit Hilfe von Stahlwollebällchen bis aufs blanke Metall ab. Steht Ihnen ein Elektrobohrer zur Verfügung, so gelingt die Rostentfernung bei Einsatz des Drahtbürstenaufsatzteils noch zufriedenstellender. Jedes übriggebliebene Farbbröckchen wird durch forsches Reiben mit Schmirgelpapier über die betroffene Stelle entfernt. Wischen Sie gründlich nach und streichen dann das ganze Stück mit Metallgrundierung.

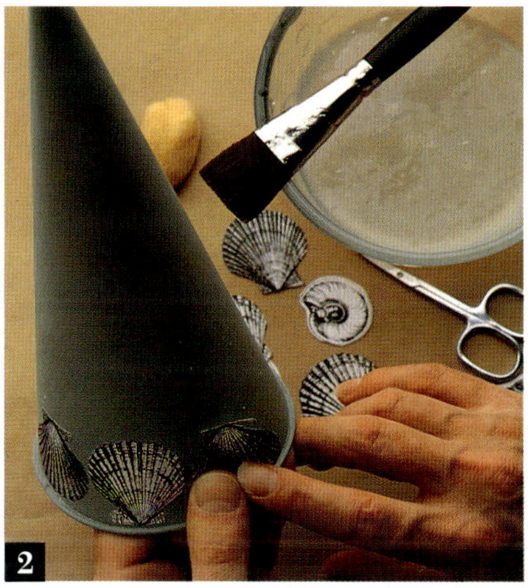

3 Nach dem Trocknen des Tapetenkleisters vollenden Sie die Vase mit „Feinrißlack“; verfahren Sie dabei wie auf Seite 17 beschrieben, ersetzen jedoch die „antikisierende“ Umbra-Farbe durch kobalt-violette Künstler-Ölfarbe aus der Tube. Diese Farbe vermittelt den Muscheln einen zarten Stich ins Pink und hebt sie auf reizvolle Weise von der graugrünen Grundfarbe ab.

Tragen Sie nach 24 Stunden matten oder Eierschalen-Firnis auf. Mehrere Lagen wirken besser als eine; leichtes Abreiben mit angefeuchtetem Naßschmirgelpapier verhilft dem Stück zu einer schönen, glatten Oberfläche.

Was Sie benötigen

Grundausstattung (siehe Seite 11)
Metallvase
Terpentinersatz
Metallgrundierung
Graugrüne Acrylfarbe
Muschel-Motive (siehe Seiten 52–55)
„Feinrissiger“ Acryl-Reißlack
Künstler-Ölfarbe aus der Tube (kobalt-violett)
Matten oder Eierschalen-Firnis
Naß- und Trockenschleifpapier

Erdbeer-Schale

Reizvoll, wenn auch ungewöhnlich ist es, als Trägermaterial für die Decoupage einmal Glas auszuwählen. Die lebhaften Erdbeer-Motive sind hier auf der Außenseite der Schale angebracht und mit einer gebrochen weißen Ölfarbe hinterlegt, wodurch sie, wenn man sie durch das Glas betrachtet, wie Edelsteine funkeln. Auf diese Weise ist jegliches Risiko einer Beeinträchtigung der Lebensmittel in der Schale durch giftige Farbbestandteile ausgeschlossen. Spülen Sie die Schale einfach vor und nach dem Gebrauch aus und trocknen Sie sie mit einem weichen Tuch.

Küchenutensilien aus Glas sind billig und robust. Eine solche Behandlung läßt sie geradewegs in die optische Luxusklasse aufsteigen. Stellen Sie sich nur einmal einen Satz Glasteller, einen jeden mit saftigen Erdbeeren am Boden, vor! Nicht unbedingt etwas für die Spülmaschine – aber ein tolles Fest fürs Auge, das schon ein wenig zusätzliche Mühe lohnt.

Glas braucht für die Bearbeitung mit Decoupage nicht besonders vorbereitet zu werden; prüfen Sie vor Arbeitsbeginn lediglich, ob alle Oberflächen sauber und trocken sind. Wenn Sie dem Gedanken, mehrere Motive von Hand zu bemalen, nichts abgewinnen können, so tun Sie dies, um Zeit zu sparen, mit einem und reproduzieren auf dem Farbkopierer einen ganzen Bogen voller Erdbeeren so detailgenau, daß Ihnen das Wasser im Munde zusammenlaufen wird.

Was Sie benötigen

Grundausstattung (siehe Seite 11)
Glasschale
Erdbeer-Motive (siehe Seite 44)
Grüne, gelbe und rote Wasserfarben
Druckfixativ-Spray
Wasserlösliche Filzstifte
Gebrochen weiße und grüne Ölfarben

1

1 Malen Sie die Erdbeer-Motive mit Wasserfarben an. Wir haben mit mehr leuchtenden als zarten Rot- und Blattgrüntönen gearbeitet und gelbe Schlaglichter hinzugesetzt. Am besten verwendet man zur Versiegelung von Druckvorlagen, die mit Wasserfarbe bemalt sind, keinen PVA-Kleber, der, da selbst auf Wasserbasis hergestellt, Farben zum Verlaufen bringen kann. Fixieren Sie die Motive stattdessen, sobald sie trocken sind, mit einem Druckfixativ-Spray (wenn möglich im Freien arbeiten, sonst in einem gut durchlüfteten Raum). Vor dem sorgfältigen Ausschneiden wiederum trocknen lassen. Als nächstes legen Sie die Verteilung der Erdbeeren fest, indem

2

3

Sie sie versuchsweise rund ums Glas bewegen. Es könnte hilfreich sind, die Lage einer jeden Erdbeere auf der Glasinnenseite mittels eines wasserlöslichen Filzstiftes zu kennzeichnen. Geben Sie PVA-Kleber mit Hilfe eines kleinen, weichen Pinsels auf die *Vorderseite* der Motive.

2 Befestigen Sie die Erdbeeren einzeln, wobei Sie sie mit einem weichen Lappen glätten. Hier hat man einige Motive am oberen Schalenende festgemacht und ihre überstehenden Ränder mit einem Handwerkermesser gekappt. Gründlich austrocknen lassen. Anfangs sieht PVA-Kleber milchig aus, was aber kein Grund zur Sorge ist: Beim Trocknen wird er kristallklar.

3 Wenn alle Erdbeeren fest sitzen, tragen Sie auf die Außenseite der Schale einige Lagen gebrochen weiße Ölfarbe auf. Seien Sie besonders vorsichtig, wenn Sie nahe beim Rand arbeiten: Um zu verhindern, daß Farbe darüber läuft, ist es vielleicht besser, wenn Sie die Schale umgekehrt auf einige Bögen Zeitungs- oder Küchenpapier stellen. Lassen Sie die Farbe gut trocknen und streichen im Anschluß daran vier oder fünf Lagen grüne Ölfarbe (wir haben einen zu den Erdbeerstielen passenden Ton ausgesucht) über das gebrochene Weiß, bis die erhabenen Motivkanten nicht mehr zu sehen sind. Alle Filzstiftmarkierungen auf der Schaleninnenseite lassen sich leicht mit einem feuchten Lappen entfernen.

Schmetterlinge

Diese Schmetterlings-Geschenkschachteln (rechts) zeichnen sich durch nicht weniger als drei Besonderheiten aus. Zum ersten wurde für die Dekoration mittels Stupfen ein interessanter Hintergrund geschaffen. Als nächstes schickten wir ein Blatt mit Schwarz-Weißen Schmetterlingen durch einen Farbkopierer, der sie auf Knopfdruck in mauvefarbene verwandelte. Schließlich wurde, um der Dekoration ein schönes verschwommenes Aussehen zu verschaffen, die Schachtel mit einem Bogen weißen Seidenpapiers „laminiert".

Farbkopien mögen nicht die billigste Lösung sein, doch werden einige Bögen mit solcherart bunten Schmetterlingen genug Material für Extras liefern, wie Sie Geschenkanhänger oder ein einfaches Mobile darstellen.

Was Sie benötigen

Grundausstattung (siehe Seite 11)
Pappschachteln
Weiße Acrylgrundierung
Blaue Acrylfarbe
Schmetterlings-Motive (siehe Seiten 50–51), photokopiert in Mauve
Weißes Seidenpapier

1

2

1 Um fürs Stupfen eine schöne Grundlage zu bereiten, geben Sie einige Lagen weißer Acrylgrundierung auf die Außenseite der Schachteln. Schütten Sie ein wenig Acrylfarbe in eine Schale. Befeuchten Sie einen kleinen Naturschwamm mit Wasser, drücken ihn aus und tauchen ihn darauf in die Farbe. Machen Sie einige „Abdrücke" auf Papier, um zu sehen, wie es aussieht, und los geht's.

2 Die Schmetterlings-Motive versiegeln, ausschneiden und mit Tapetenkleister auf die Schachteln kleben. Nach dem Trocknen bestreichen Sie die Schachtelflächen dünn mit Tapetenkleister. Schneiden Sie zwei Stück Seidenpapier so zurecht, daß sie jeweils auf Schachtel und Deckel passen und um die Kan-

3

4

ten geschlagen werden können. Legen Sie das erste Stück über den Deckel aus und bestreichen es dann mittels eines weichen, mit Kleister getränkten Pinsels glatt von der Mitte her nach außen. Schneiden Sie das Papier ein, damit es sich ohne Überlappung um die Ecken legen läßt, ziehen Sie es dann stramm über die Seitenflächen und kleben es auf der Innenseite fest. Behandeln Sie die Schachteln ebenso.

Verwandeln Sie übriggebliebene Schmetterlinge in Geschenkanhänger, indem Sie sie mit Tapetenkleister auf dünne Pappe kleben, ausschneiden und dann mit Hilfe eines Skalpells in der Mitte eines jeden zwei winzige Einschnitte machen. Ziehen Sie einen Bindfaden durch den ersten „Schlitz" und führen ihn durch den zweiten wieder zurück.

3 Zur Verfertigung eines Mobiles benötigen Sie „doppelseitige" Schmetterlinge; planen Sie deshalb beim Kopieren zwei Drucke pro Bild ein. Farbkopierer lassen sich auch so einstellen, daß Sie auf ein Blatt mehr als eine Farbe photokopieren (siehe Seite 13); versuchen Sie es mit Blau, Purpur, Gold und Grün. Verwenden Sie im Hinblick auf längere Haltbarkeit das dickste Photokopierpapier, das Sie bekommen können. Schneiden Sie einen der Schmetterlinge grob aus und dann seinen Doppelgänger. Kleben Sie beide mittels einer dünnen Schicht Tapetenkleister aufeinander – Sie sehen die Schmetterlingsumrisse deutlicher, wenn Sie das Papier gegen das Licht halten – und schneiden diese in der Folge sauber aus.

4 Versehen Sie jeden Schmetterling mit Hilfe eines Lineals entlang der zentralen Achse mit einem scharfen Kniff, in dessen Mitte Sie mit einer Stecknadel ein winziges Loch stechen. Durch dieses führen Sie ein kurzes Stück weichen Drahtes, der unter dem Schmetterling so umgebogen wird, daß er parallel zum Schwanz verläuft und mit durchsichtigem Klebeband befestigt wird. Machen Sie am oberen Ende des Drahtes eine Schlaufe, durch die Sie eine dünne Schnur ziehen. Bringen Sie die Schmetterlinge an einem Holz- oder Drahtrahmen in Kreuzform an. Probleme mit dem Gleichgewicht lassen sich mittels eines Klümpchens Klebgummi lösen. Denken Sie daran, daß Draht scharf ist und hängen das Mobile für Kinder unerreichbar auf.

Griechischer Wandschirm

Decoupage kann einfach nur schön, doch auch großartig sein. Das Trio klassischer Figuren gibt hier sofort einen würdevollen Ton vor, und es lag auf der Hand, daß ihr Standort nur ein faltbarer Wandschirm sein konnte, wobei jeder Gottheit eine Tafel zuzugestehen war. Ein hellblauer Fond deutet einen griechischen Himmel an, und eine ausgeprägte, dabei schlichte Einfassung dient als Rahmen. Das übrige besorgen die herrlichen Figuren mit ihrer vornehmen Haltung in den fließenden Gewändern.

Die MDF-Platten, die die Grundlage unseres Wandschirms bilden, wurden abgeschliffen, mit Schellack behandelt, grundiert und erhielten zwei Schichten blauer Grundfarbe, die jeweils leicht abgerieben wurden, um schön glatt zu werden. Der Auftrag einer ersten Schicht Acrylfirnis ist Ihnen in diesem Stadium völlig freigestellt, doch hilft er Kratzer und andere Spuren bei der Arbeit zu vermeiden.

Was Sie benötigen

Grundausstattung (siehe Seite 11)
MDF- oder Holz-Wandschirm
Schellack
Klassische Figuren (siehe Seiten 82–83)
Dekorative Umrandung (siehe Seiten 90–95)
Zeichendreieck und/oder Stahllineal
Skalpell
Bleistift oder Kreide
Matten Acrylfirnis

1 Vergrößern Sie jedes Motiv nach der auf den Seiten 12–13 beschriebenen Verfahrensweise, die Sie schließlich sechs gleiche Abschnitte erhalten läßt. Zusammengeklebt ergeben diese ein vollständiges Bild in geringfügig weniger als der halben Lebensgröße. Schneiden Sie mit Hilfe von Skalpell und Stahllineal die die Abschnitte umgebenden weißen Ränder weg. Die Bilder können mit demselben Skalpell oder der gewohnten gebogenen Schere ausgeschnitten werden. Vor oder nach dem Ausschneiden mit verdünntem PVA-Kleber versiegeln.

2 Bringen Sie Tapetenkleister sowohl auf den Schirm wie auf die Rückseite der Bilder auf. Prüfen Sie, ob die Bilder parallel zum unteren Rand der Tafeln stehen und richtig zentriert sind.

3 Kennzeichnen Sie mittels Bleistift oder Kreide auf jeder Tafel eine Leitlinie für das Aufkleben der Umrandung. Um zu der Wölbung zu gelangen, zeichnen Sie die entsprechende Bogenkurve auf Papier, schneiden das Umrandungsmotiv in Teilen aus und legen diese so übereinander, daß sie genau die Krümmung nachbilden. Photokopieren Sie sodann diesen „Klebeumbruch" dreimal. Um eine Ecke mit sauberer Gehrung zu bekommen, bedienen Sie sich eines Zeichendreiecks. Den Abschluß bildet eine Behandlung mit mattem Acrylfirnis.

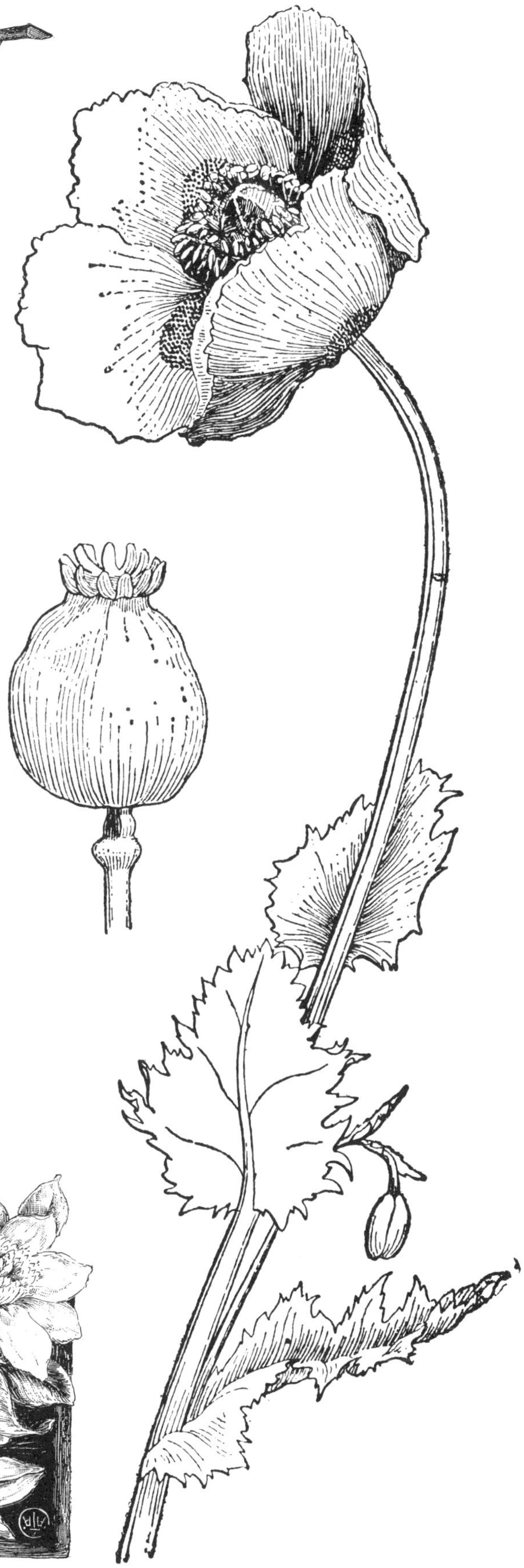

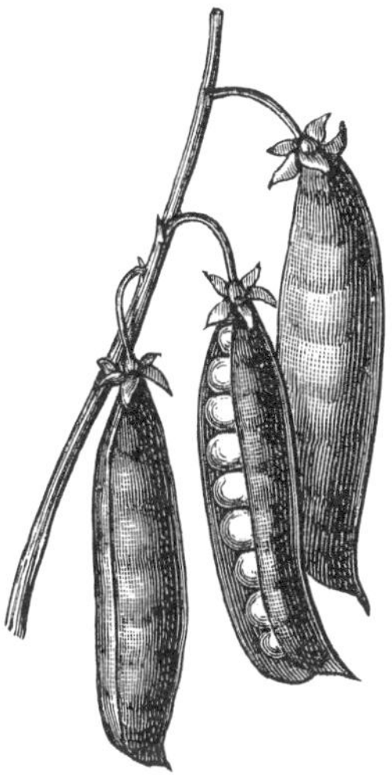
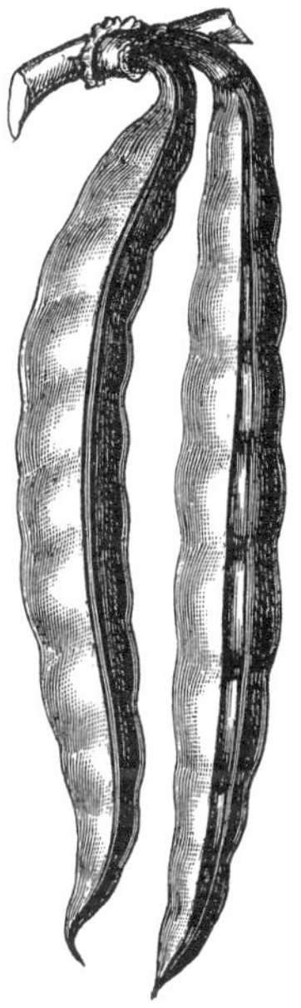

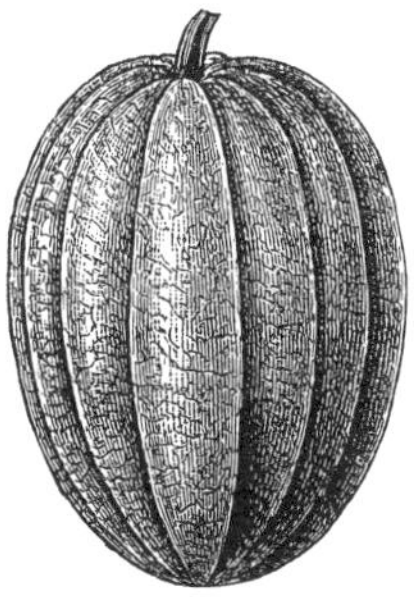

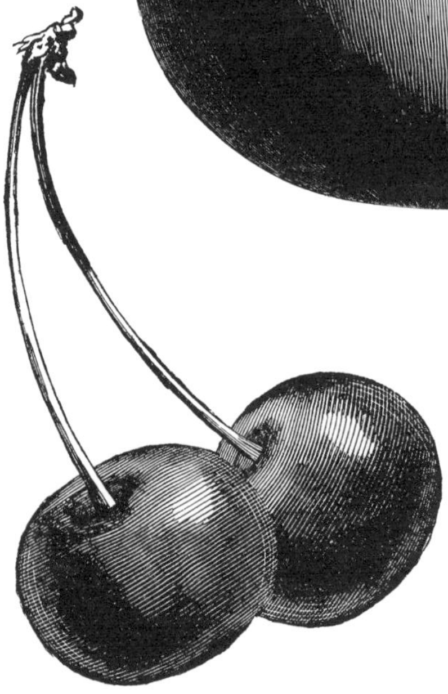

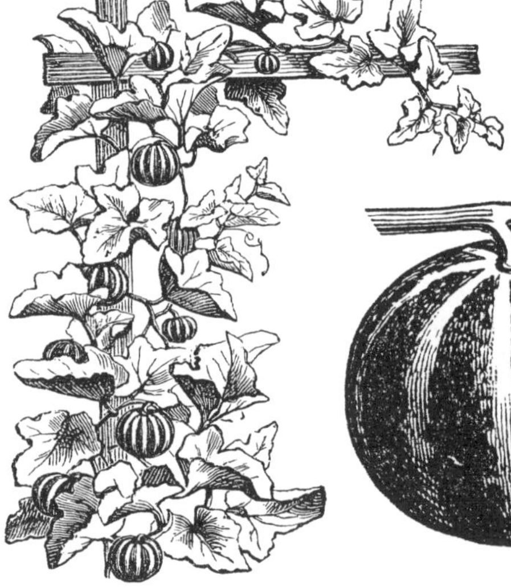

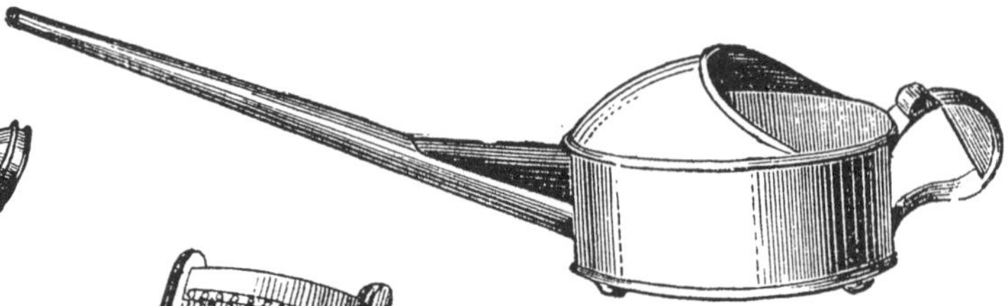

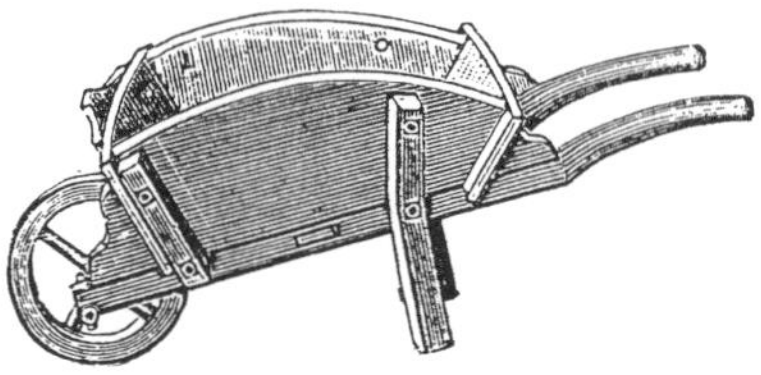

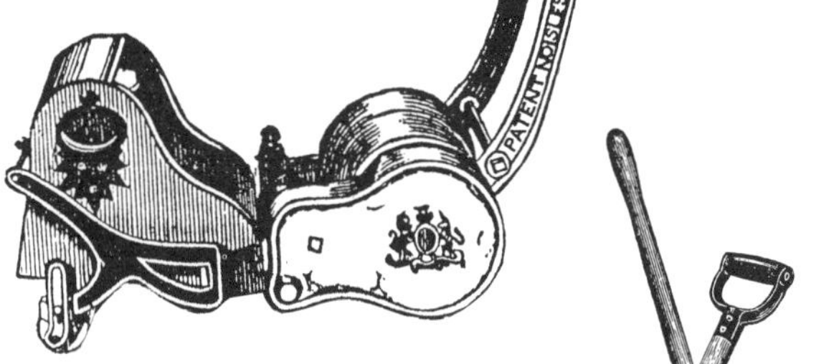

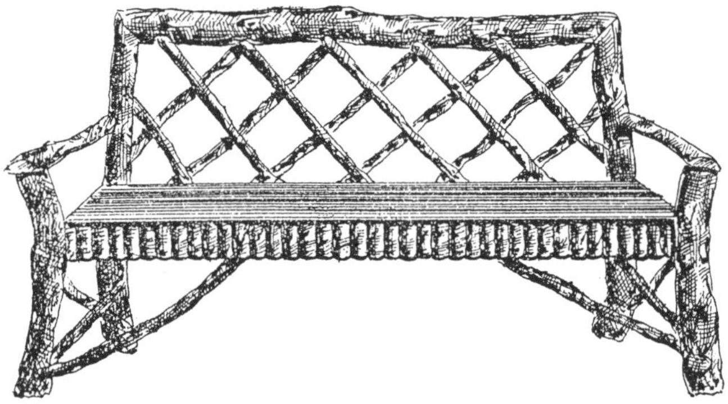

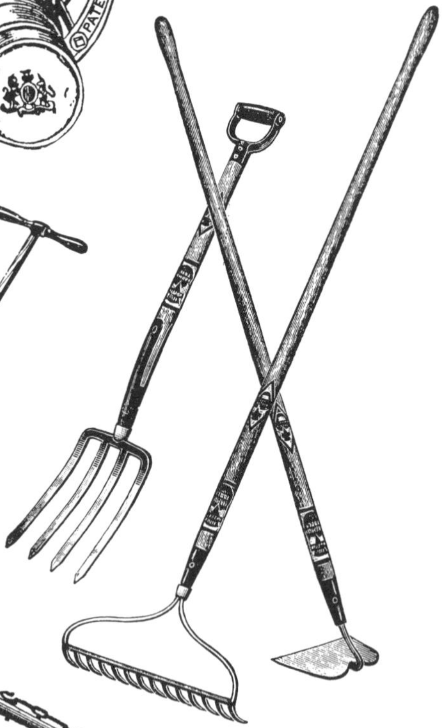

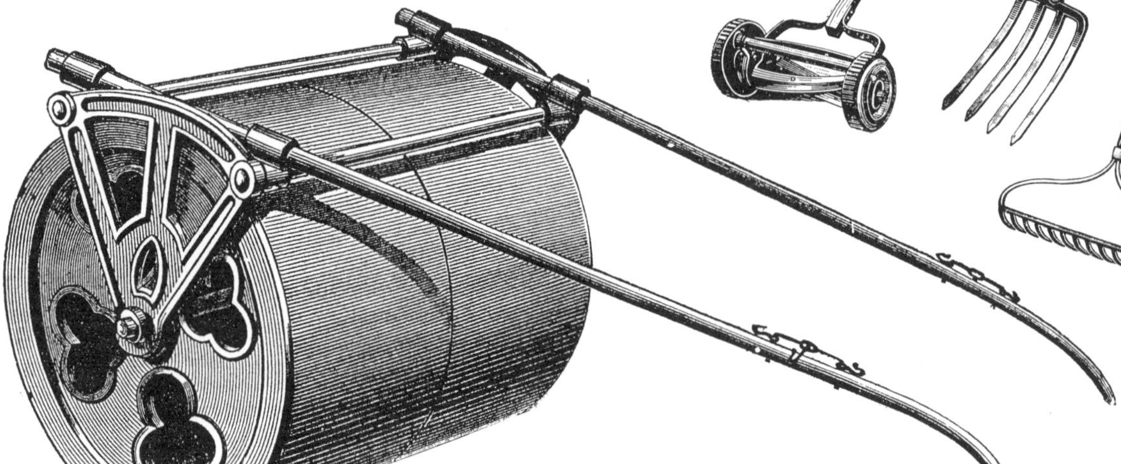

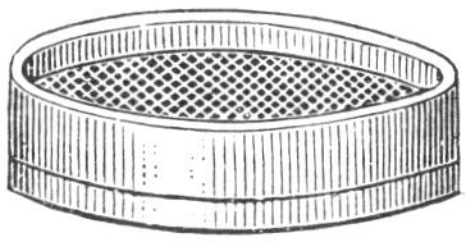

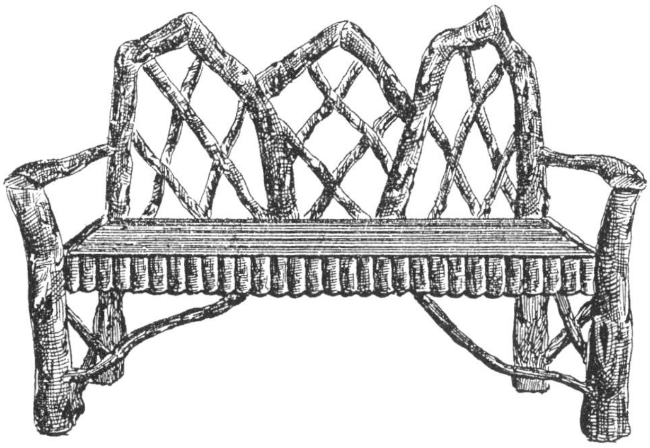

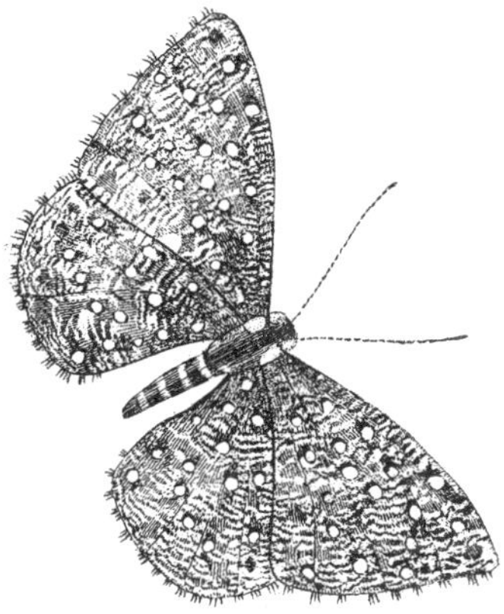

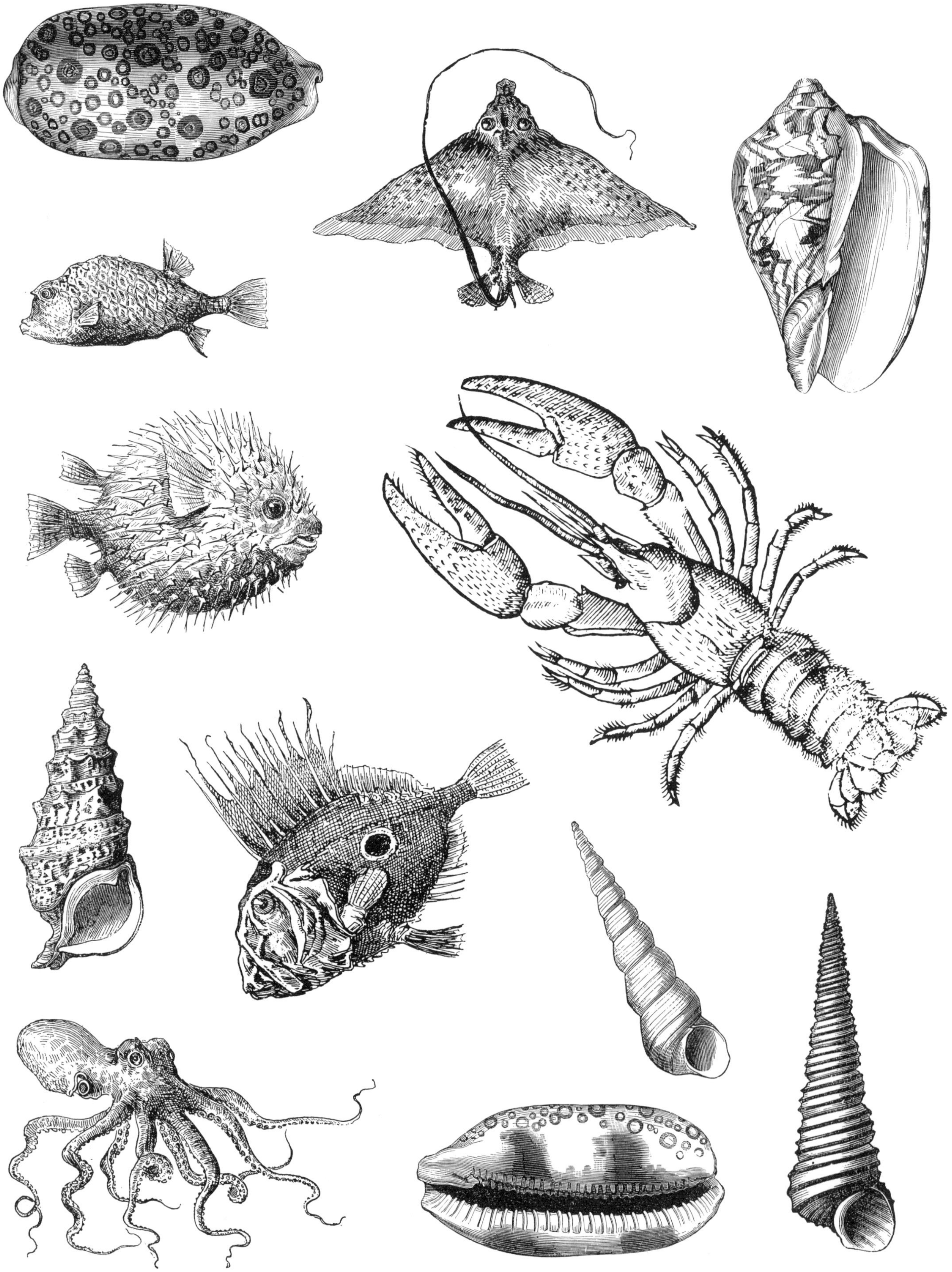

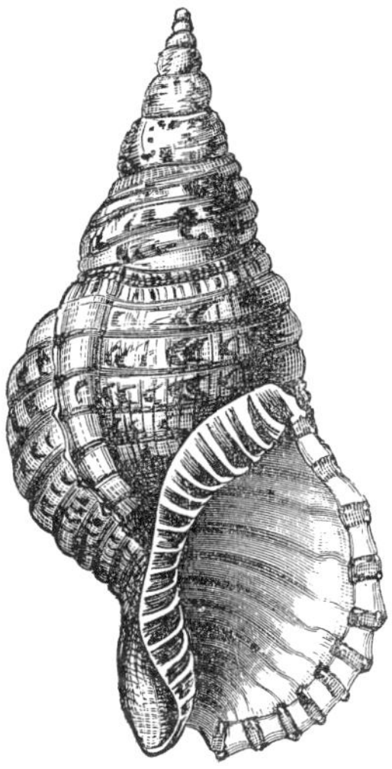

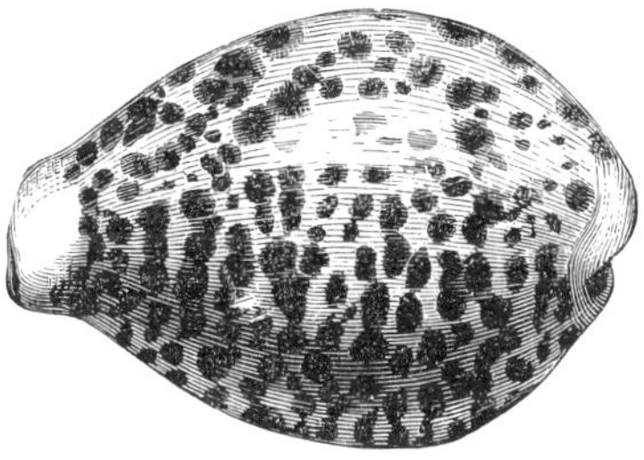

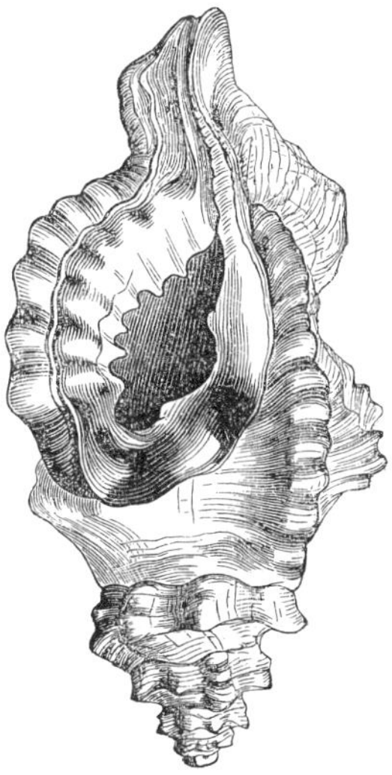

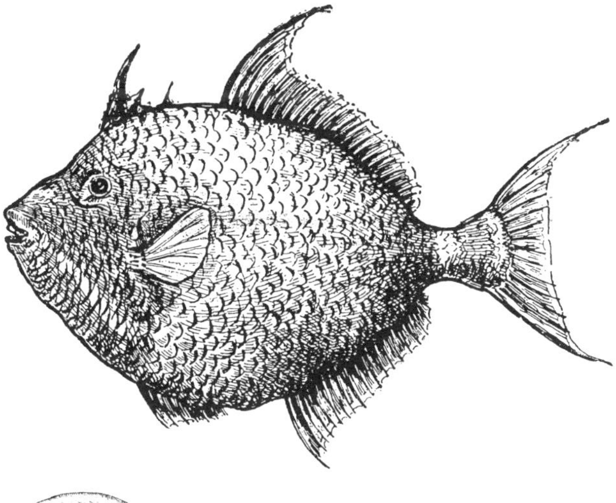

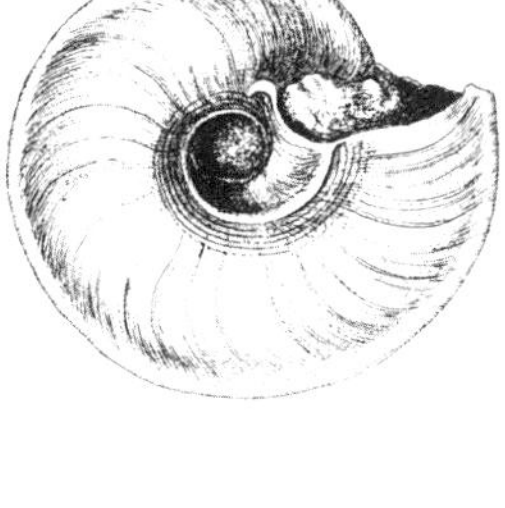

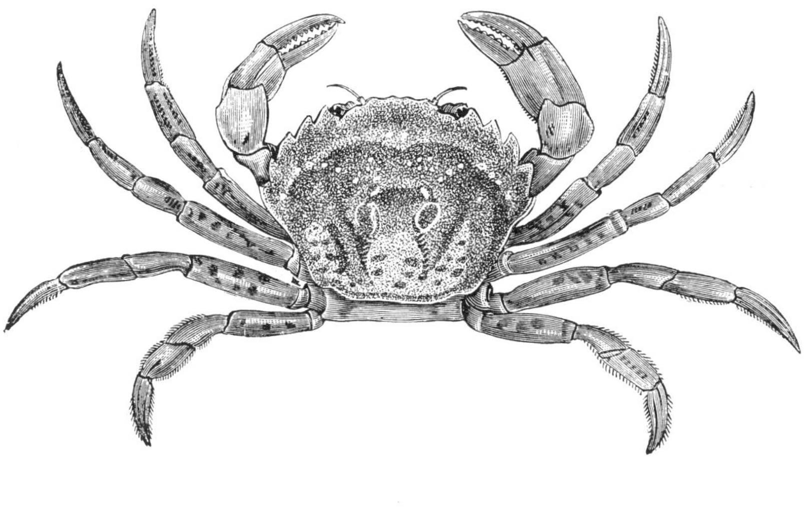

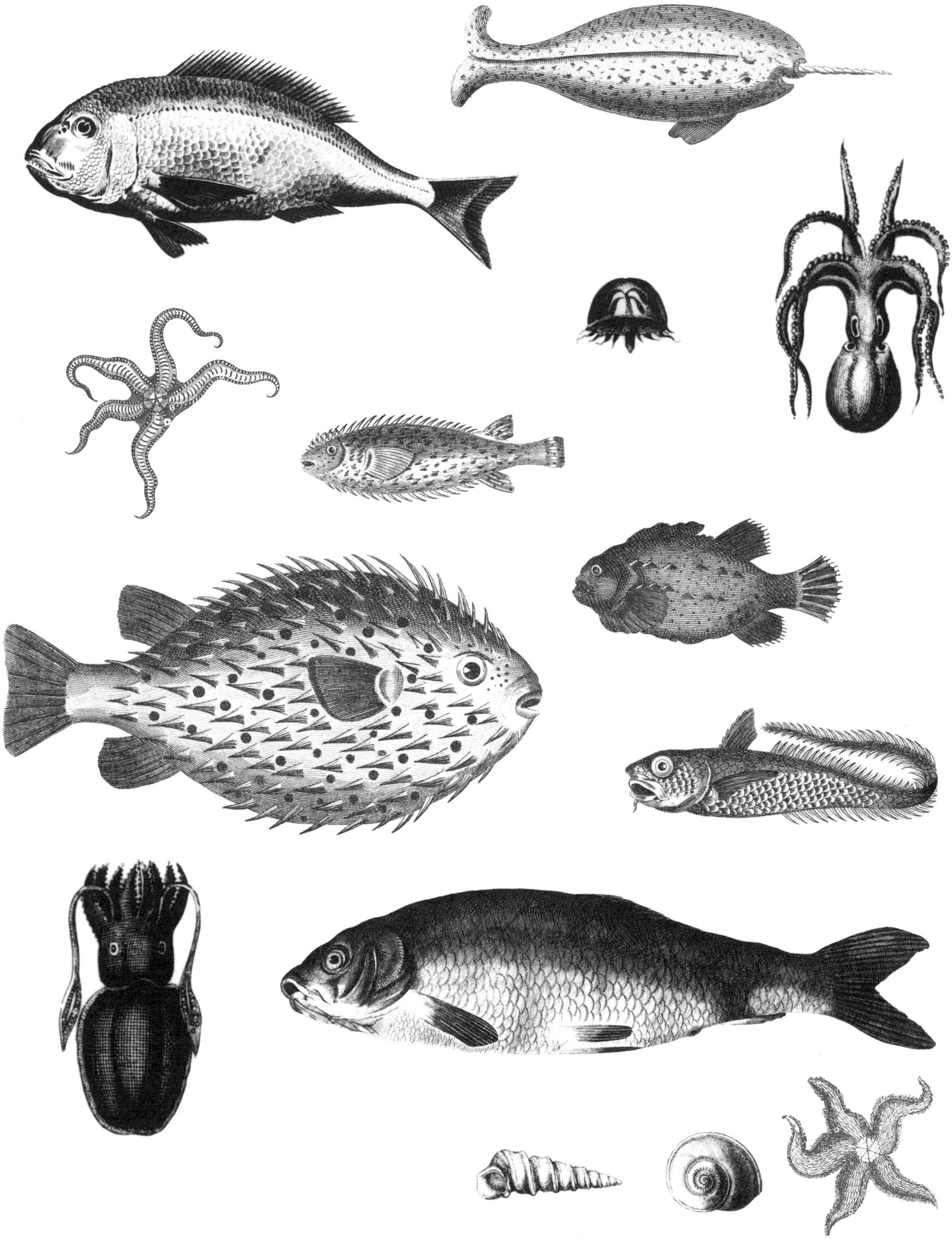

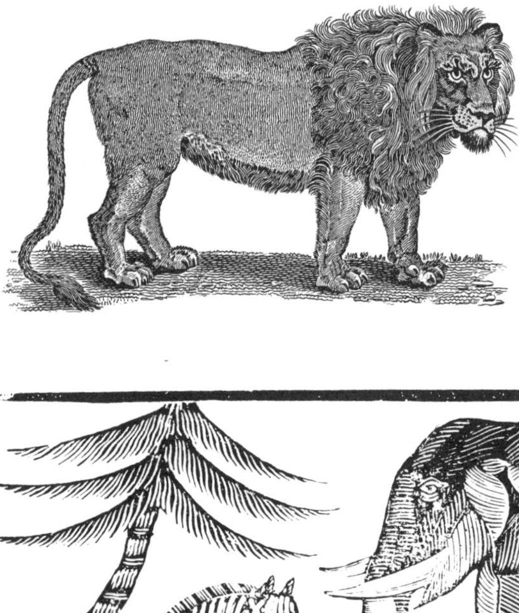

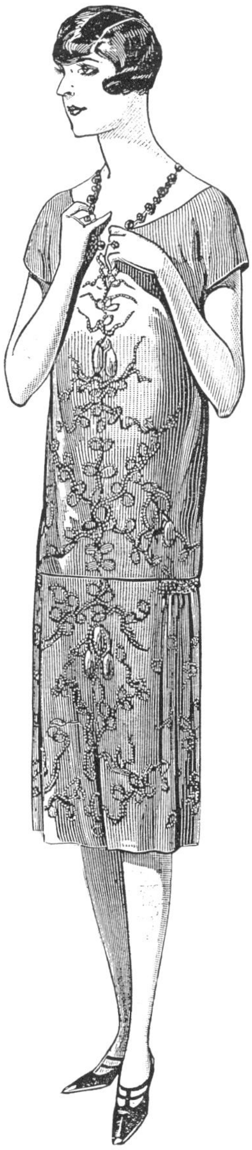

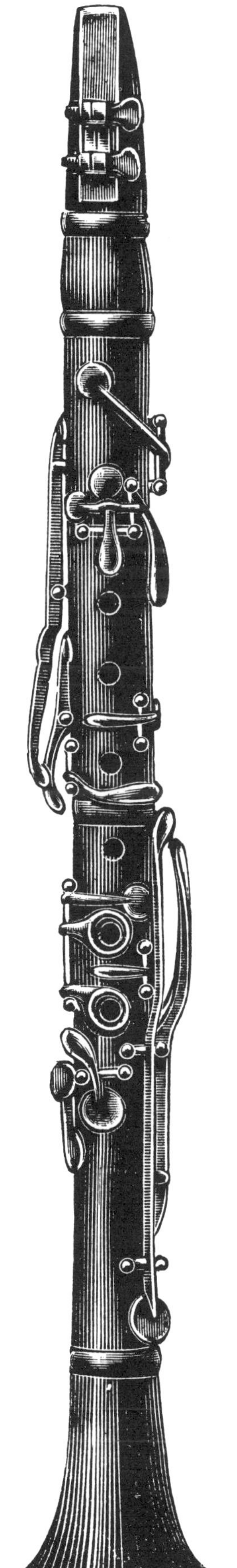

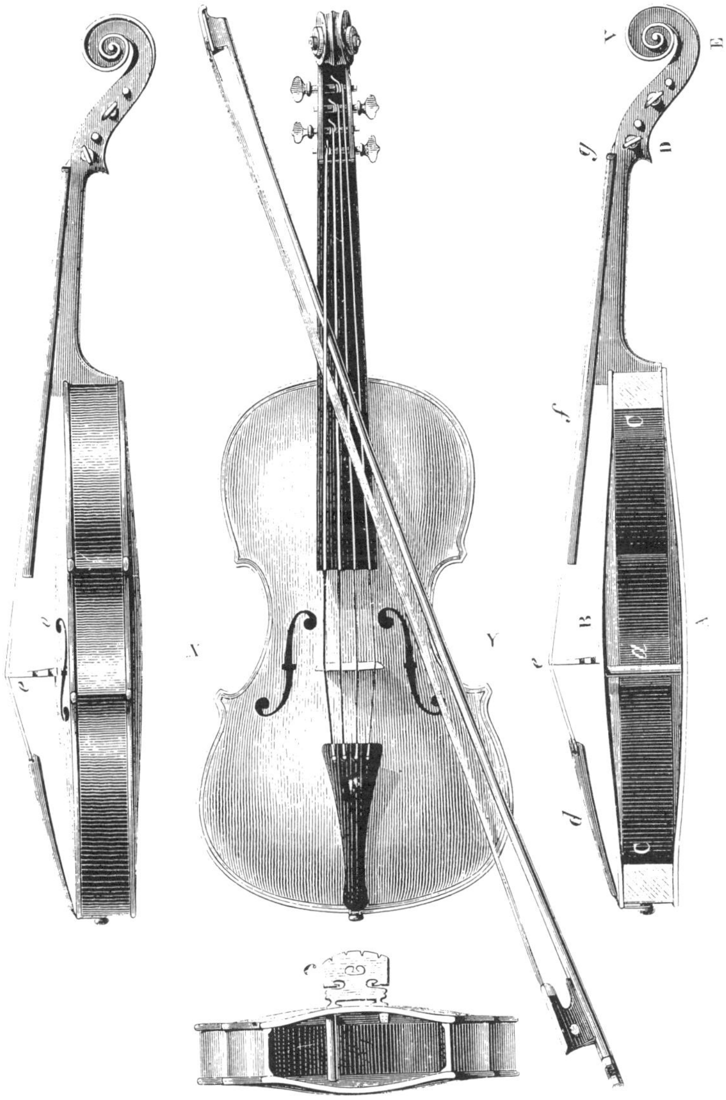

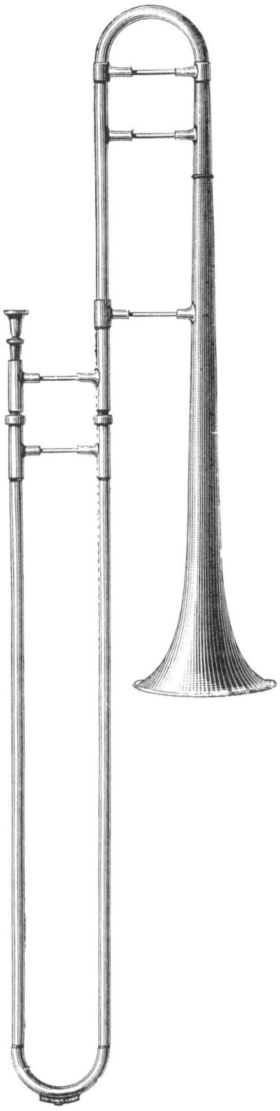

W Stanfeld Sturgess.
SWAIN SC.

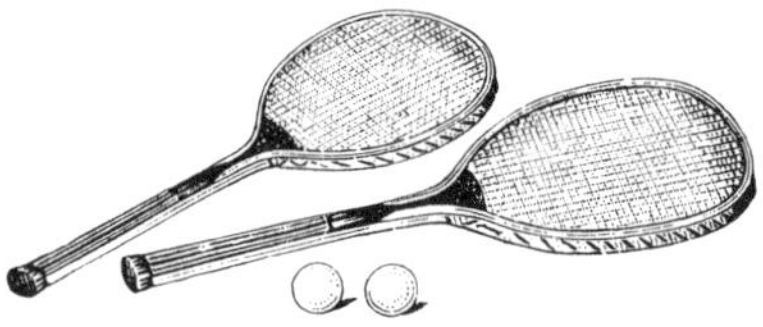

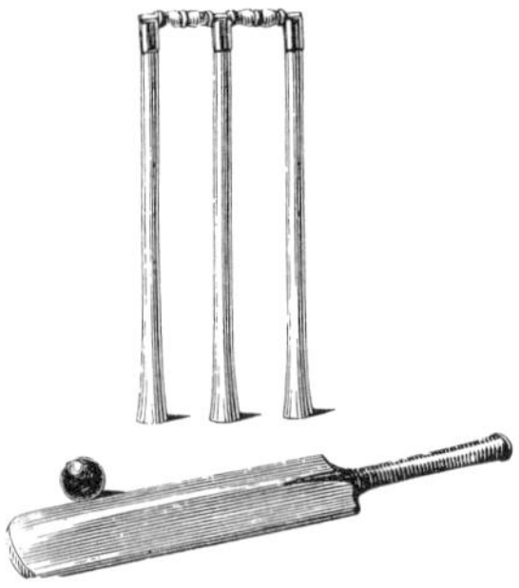

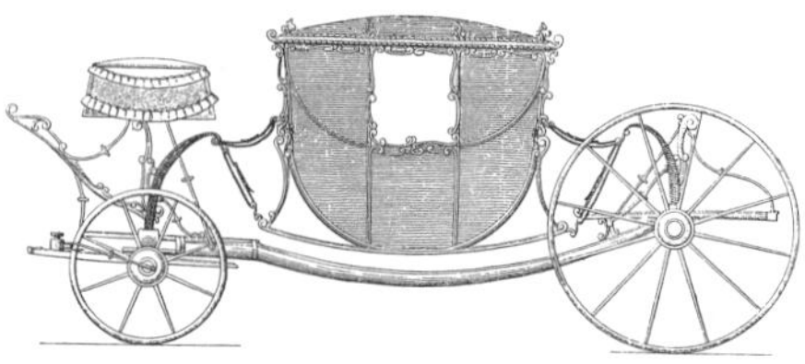

SAFE COACH

2798

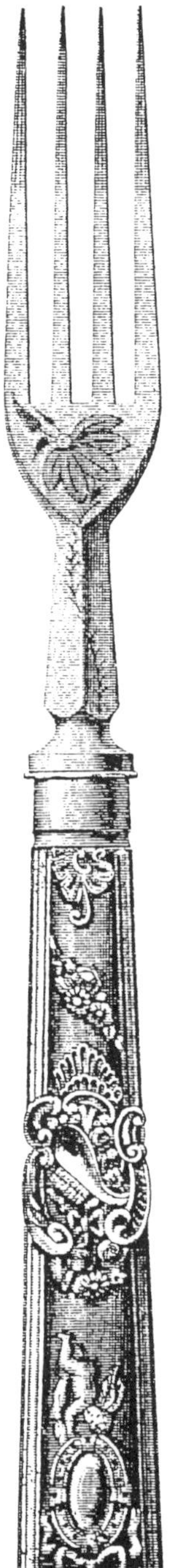

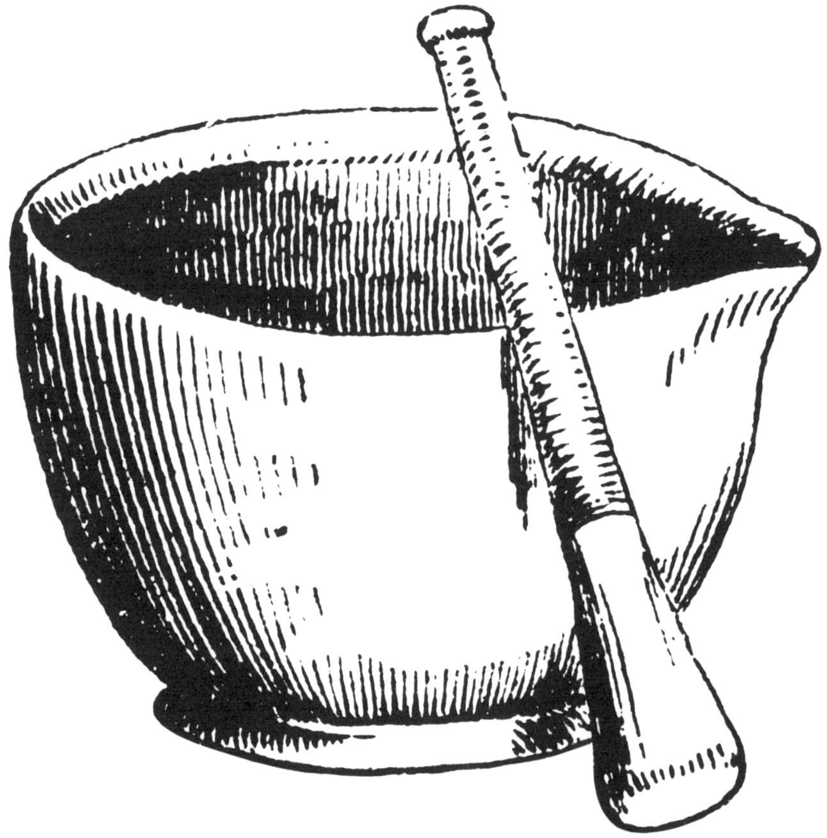

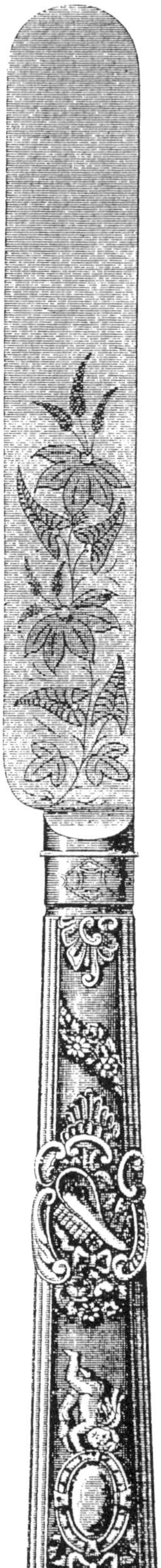

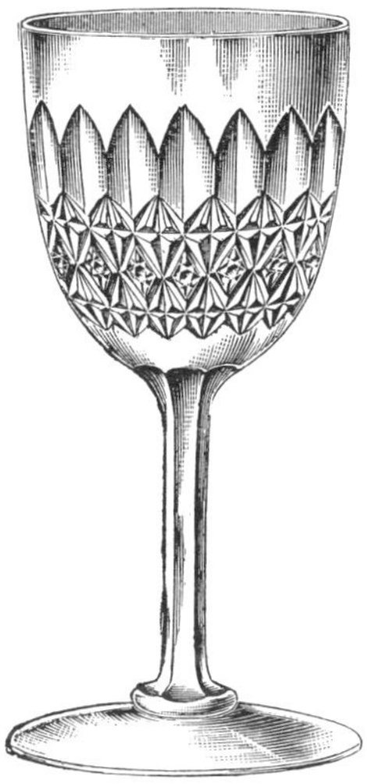
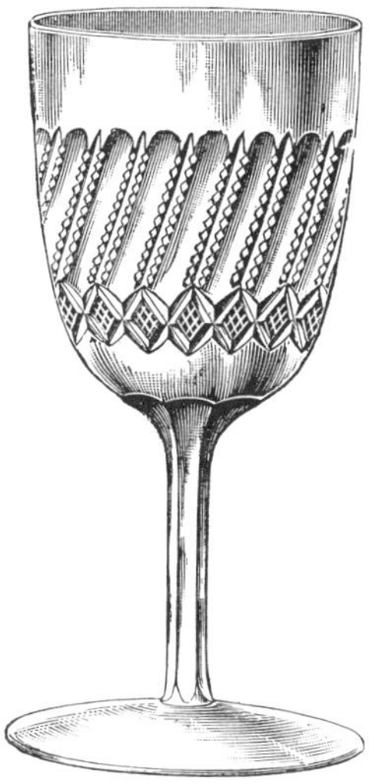

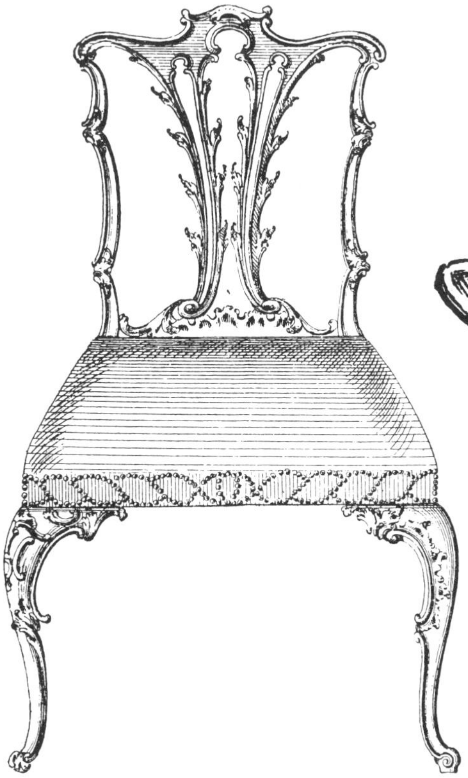

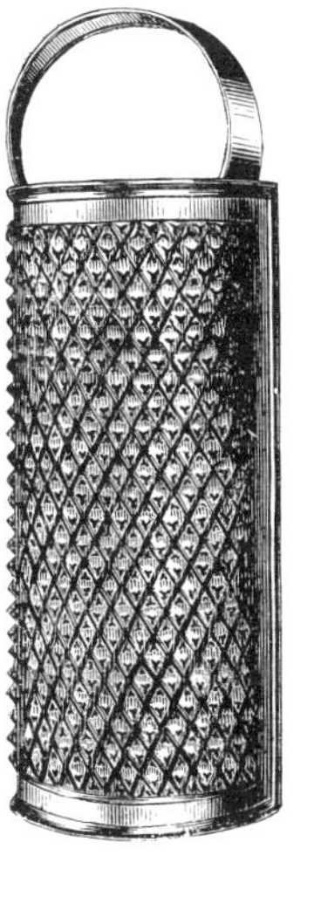

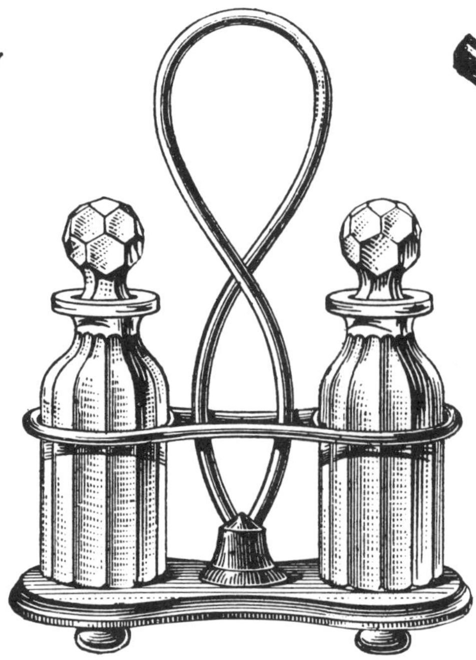

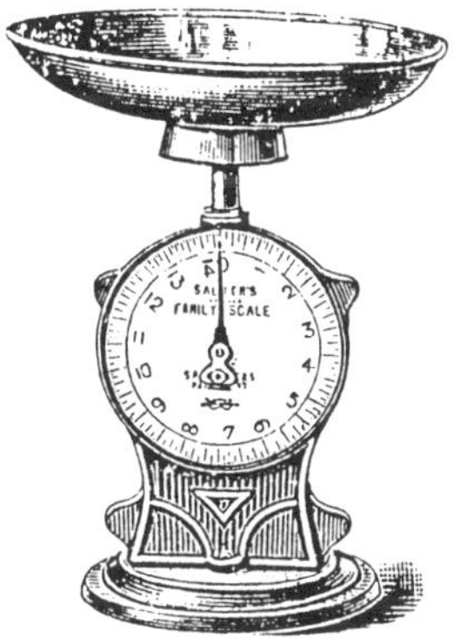
SALTER'S
FAMILY SCALE

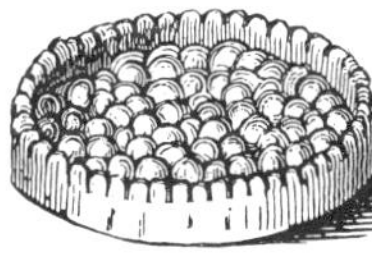

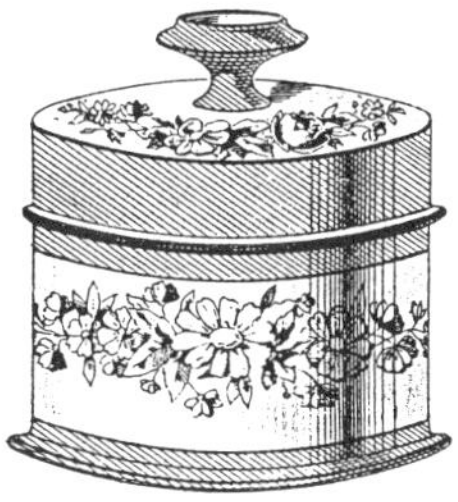

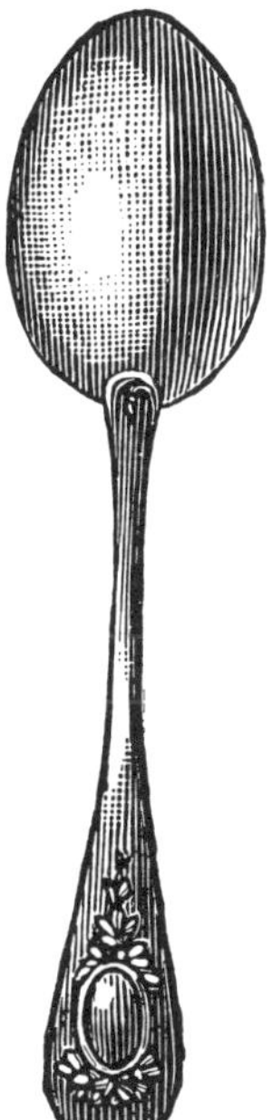

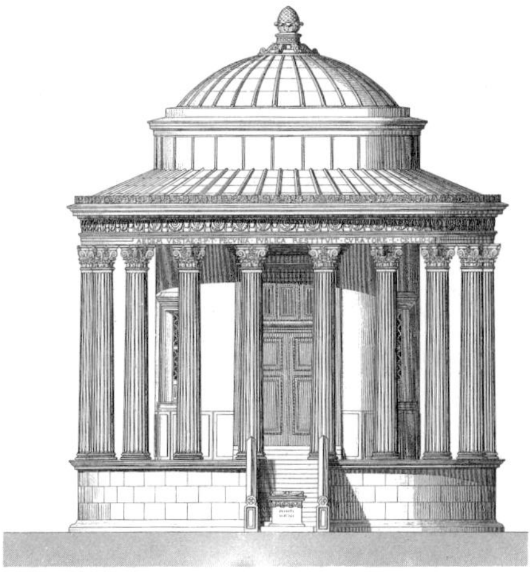

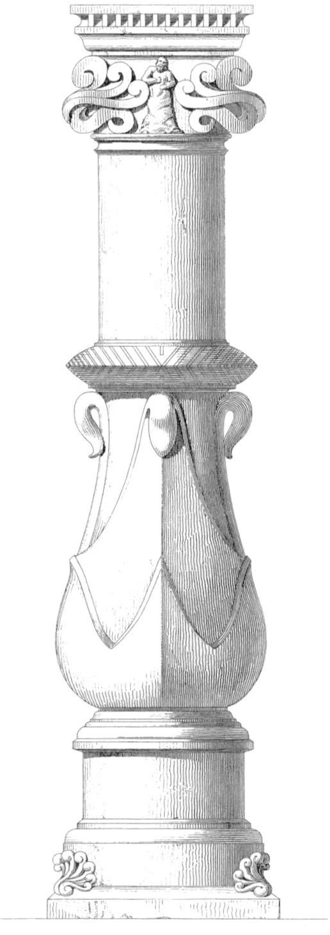

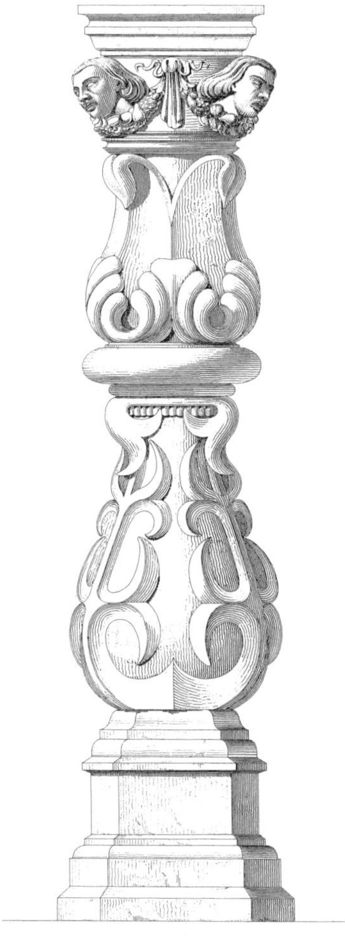

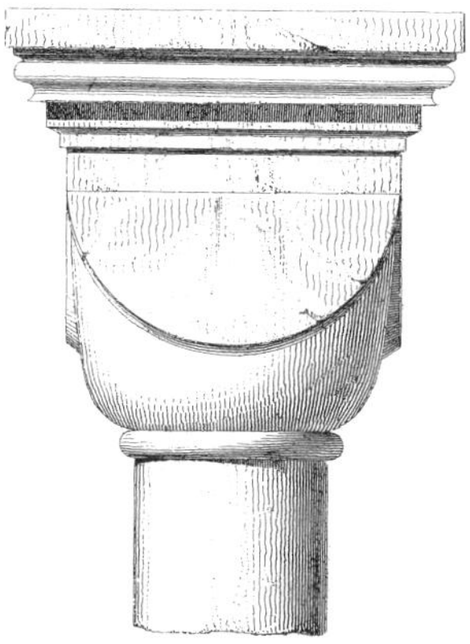

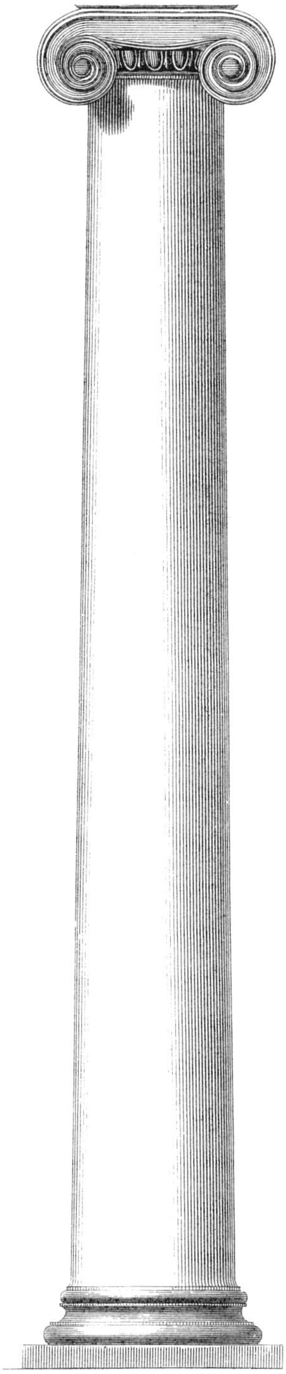

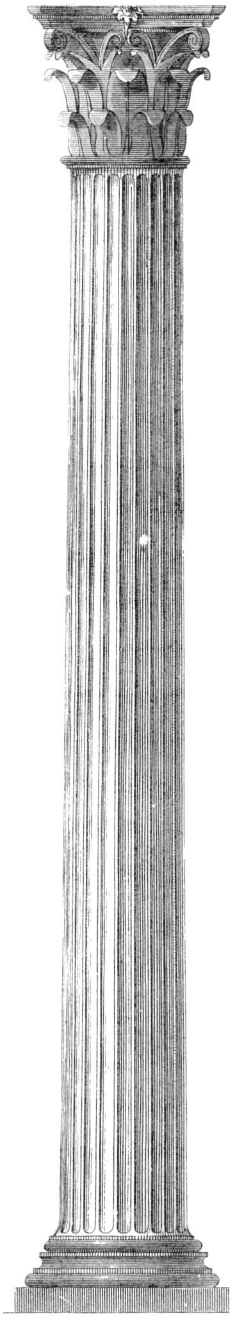

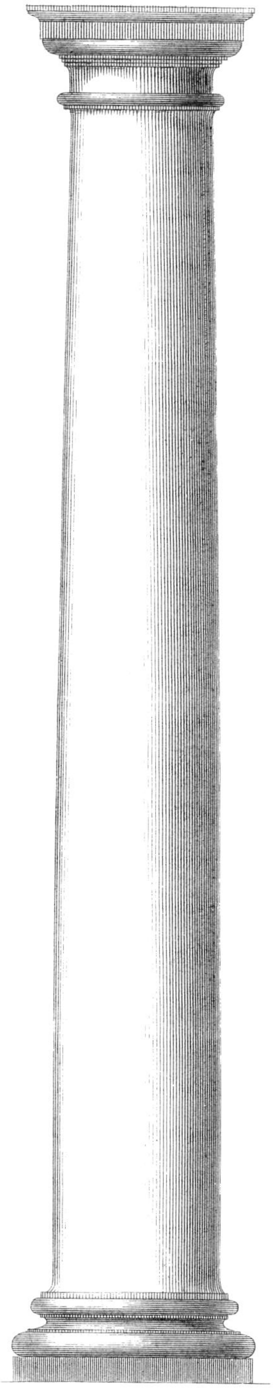

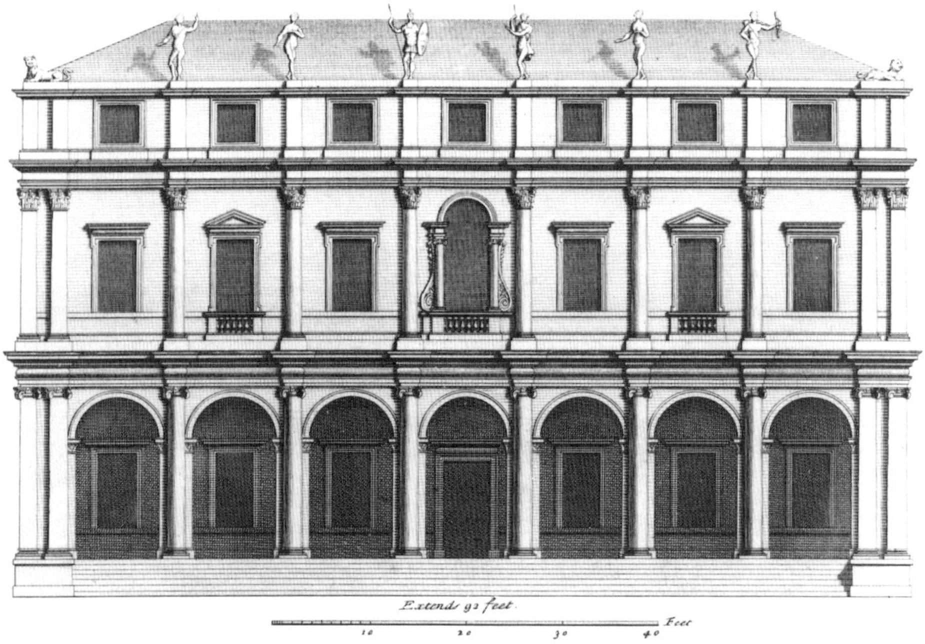
Extend 92 feet
10
20
30
40
Feet

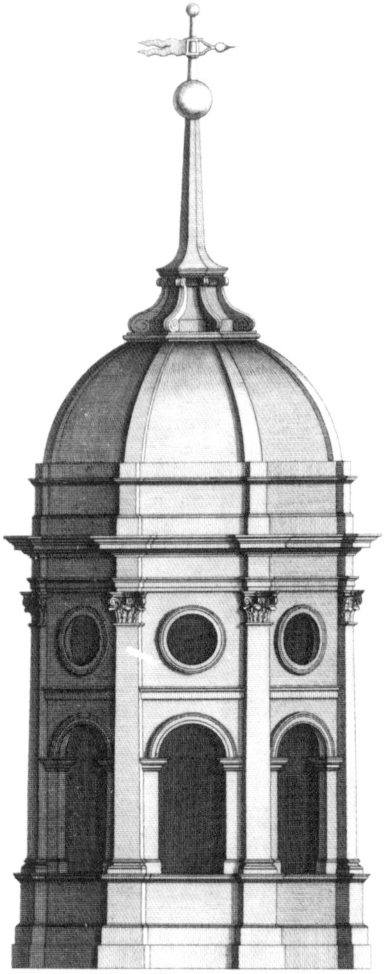

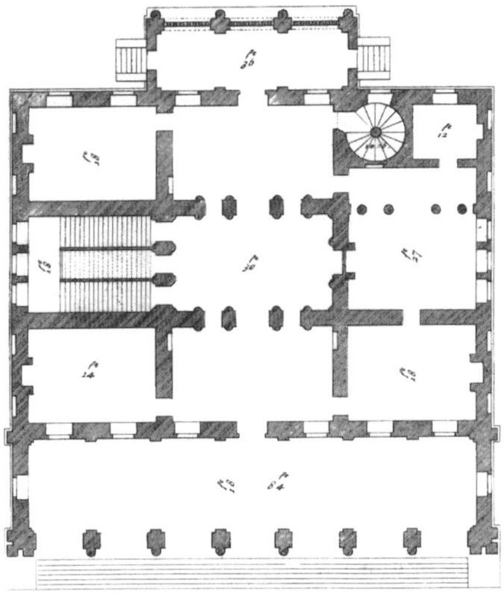

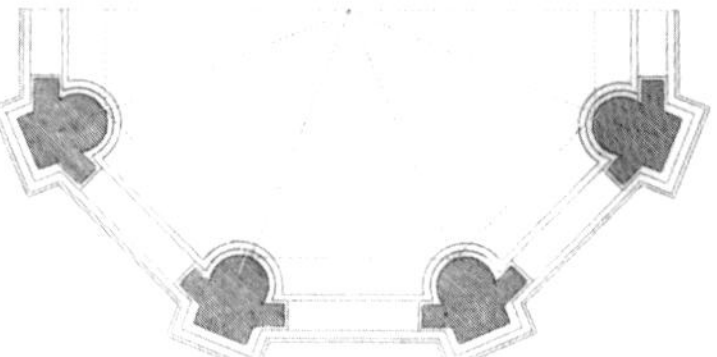

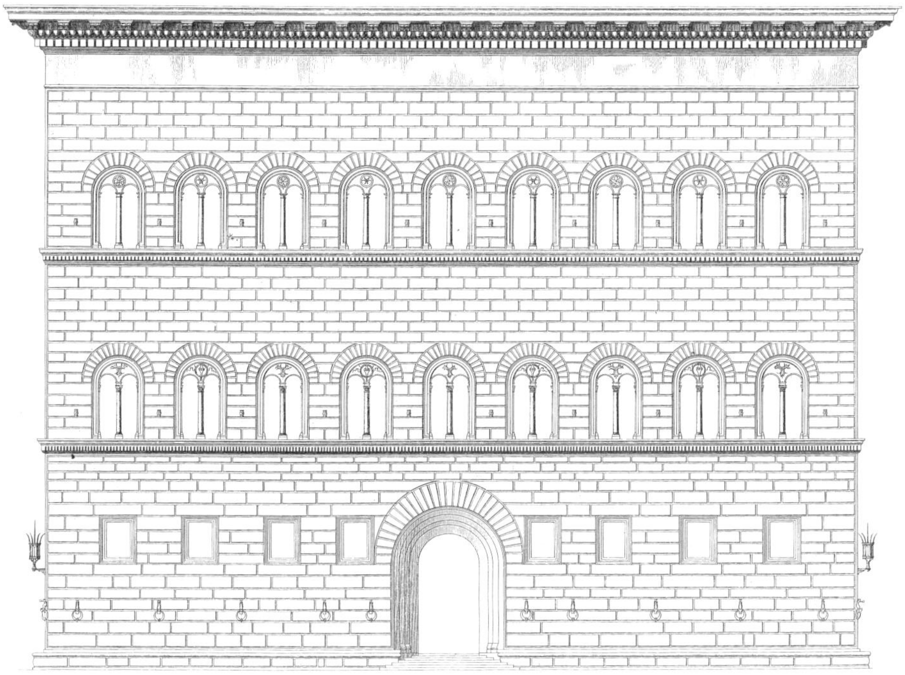

VII

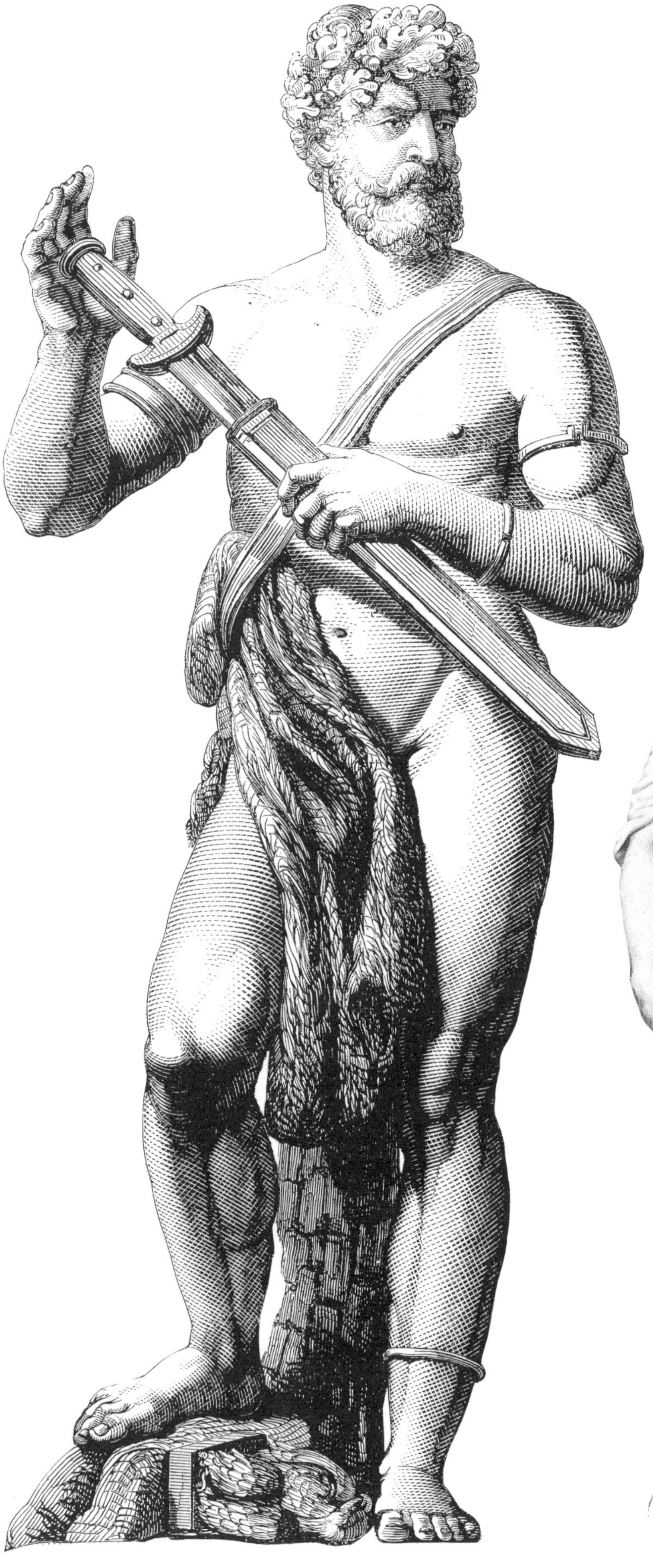

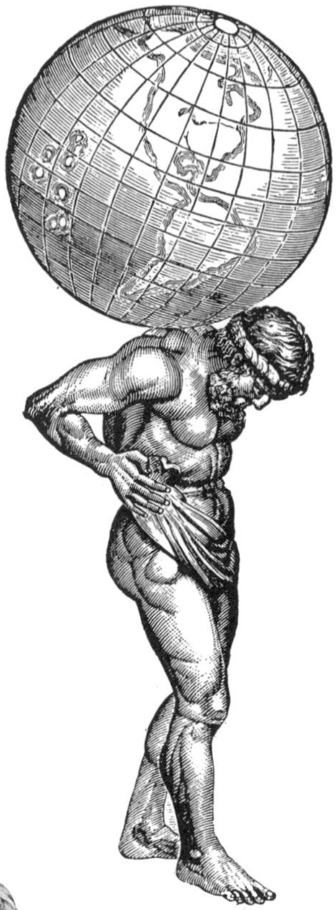

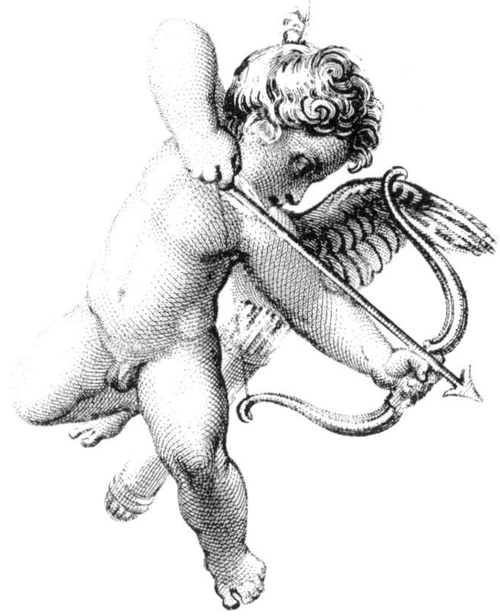

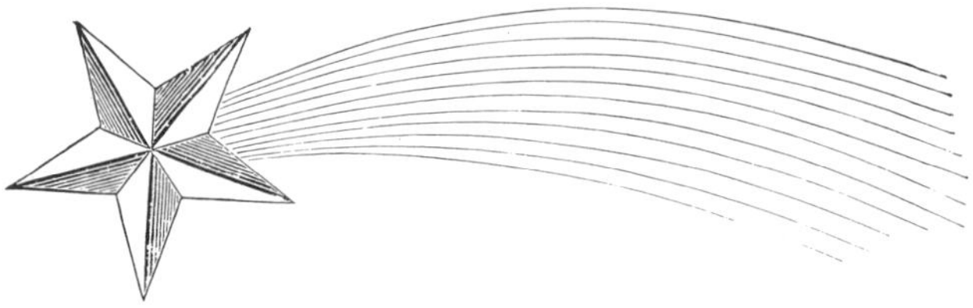

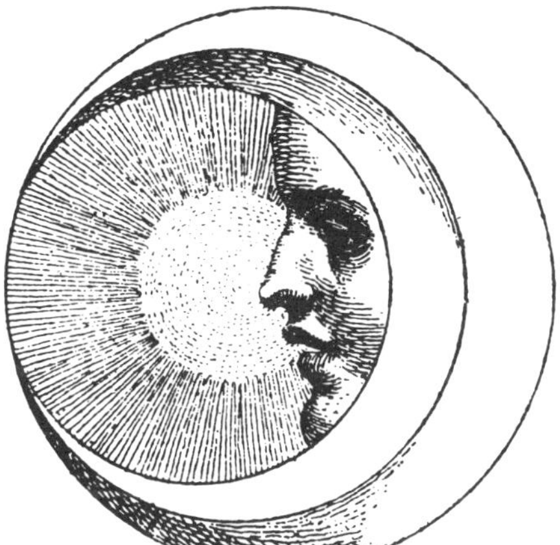

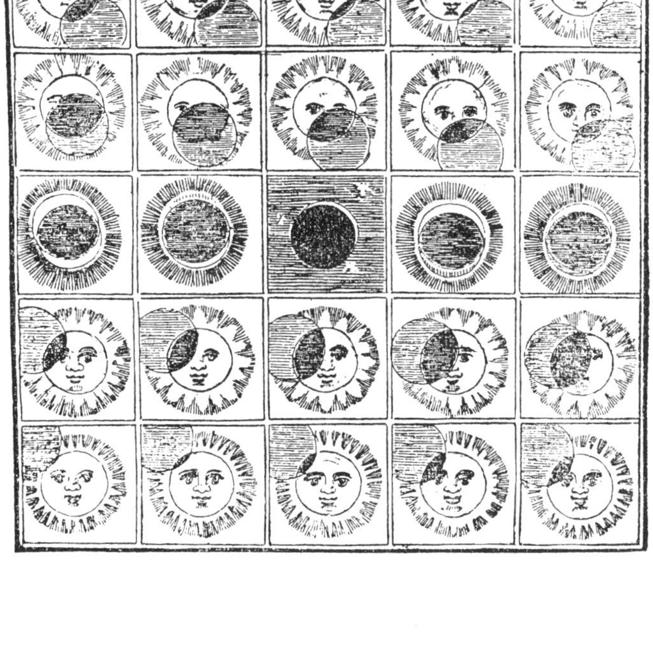

ABCDEFGH

IKLMNORQ

STUXYZ

A

BCDE

LMNO

G

VXYZ

ACDEFINTW

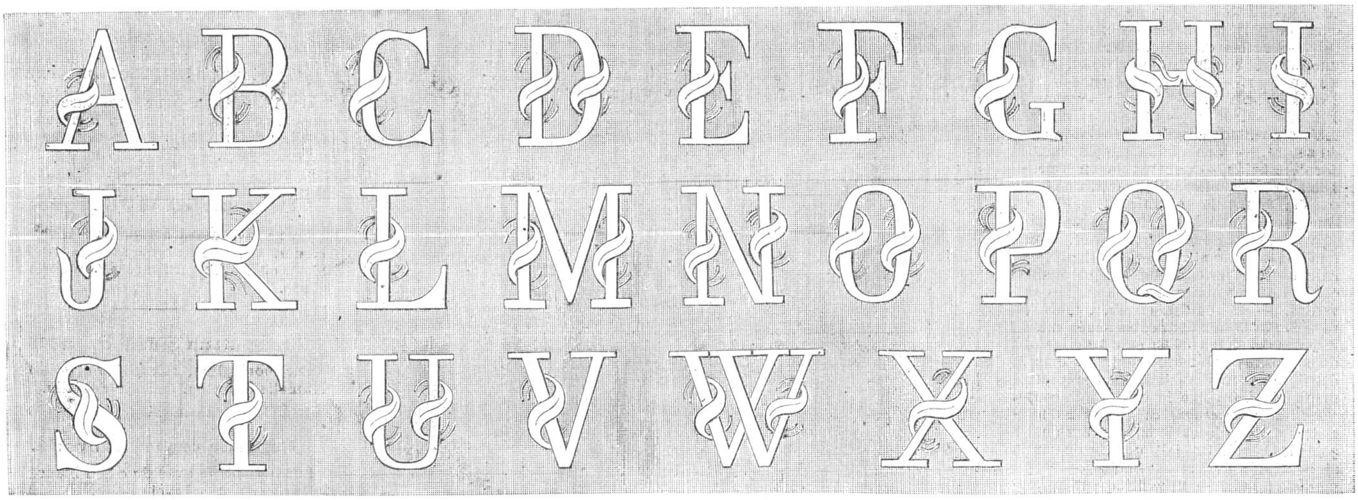
A B C D E F G H I
J K L M N O P Q R
S T U V W X Y Z

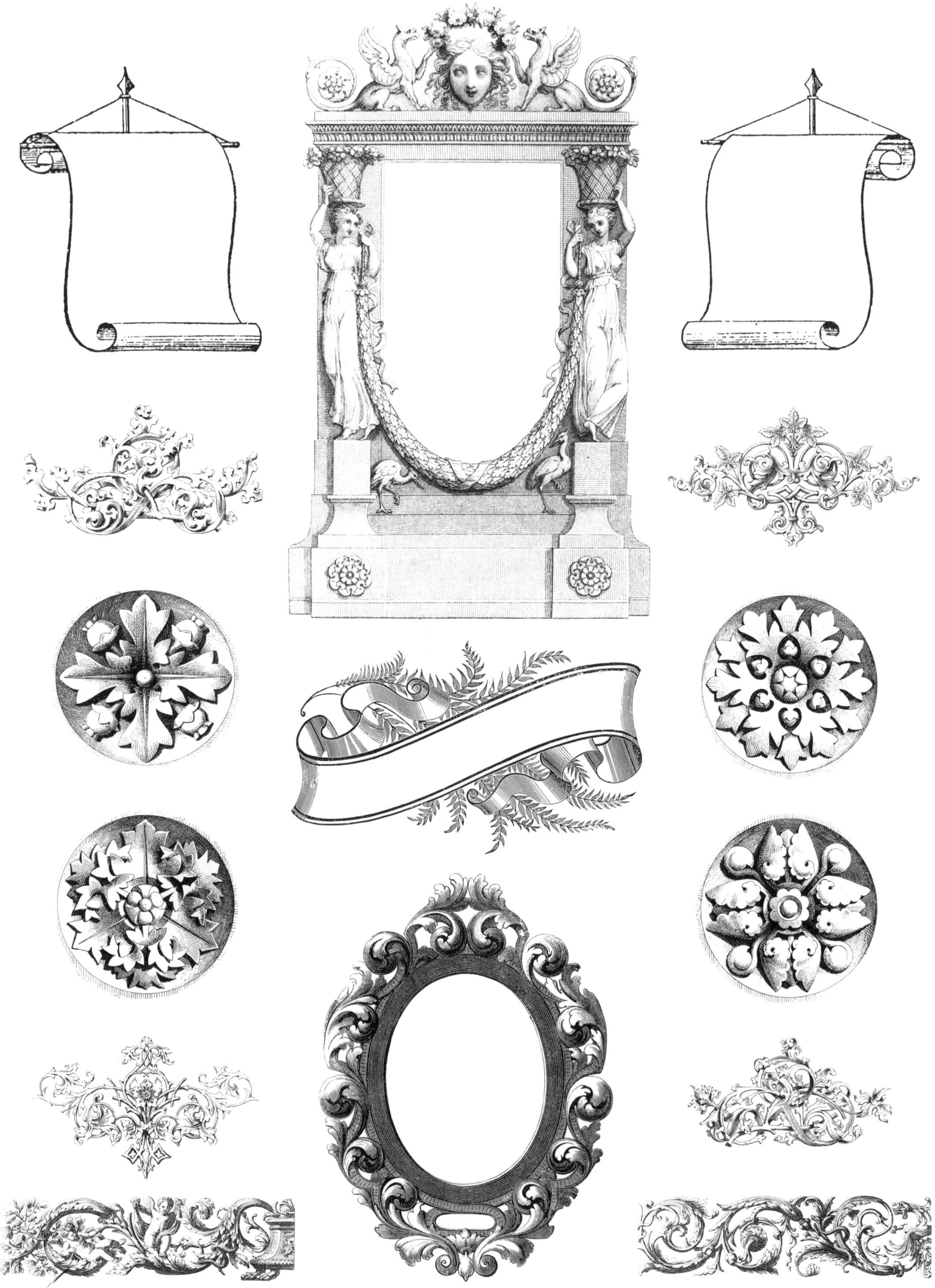

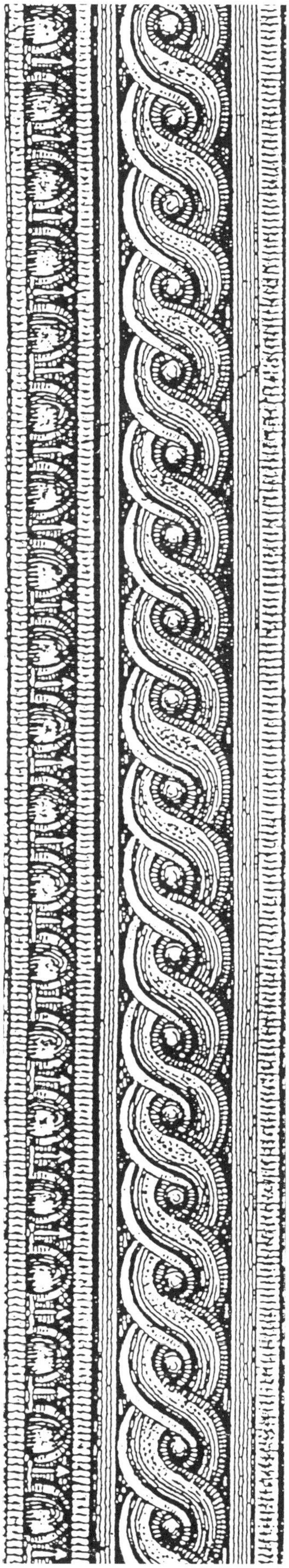

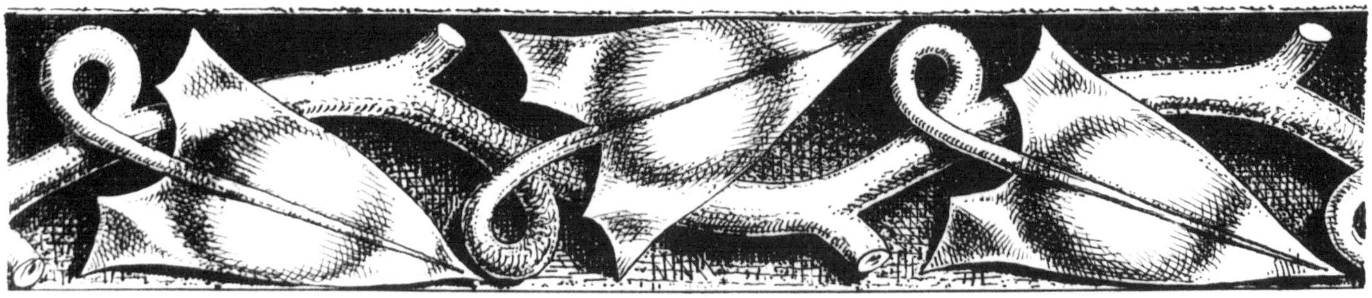

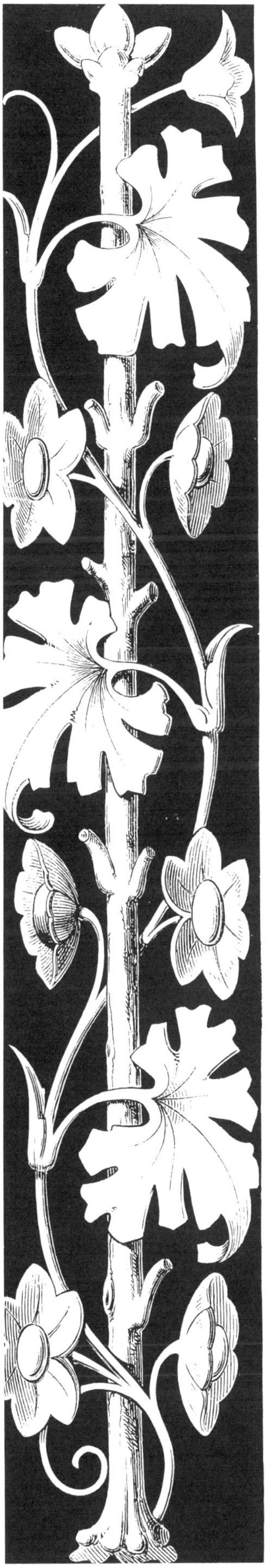

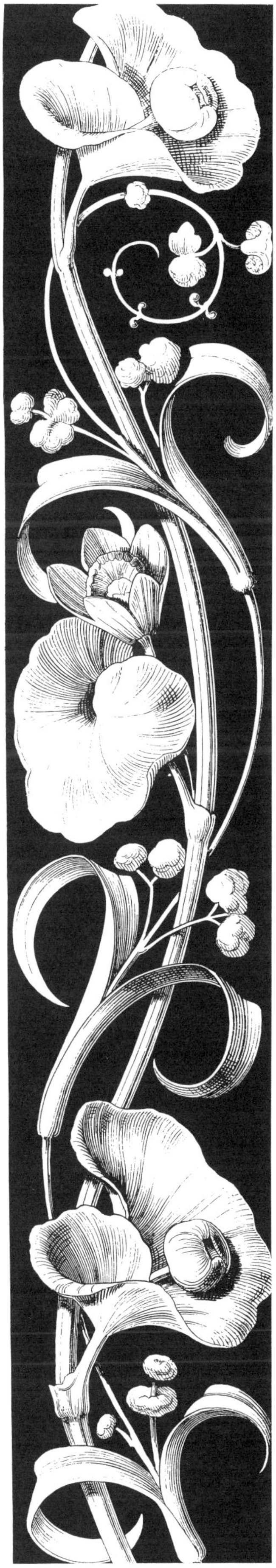

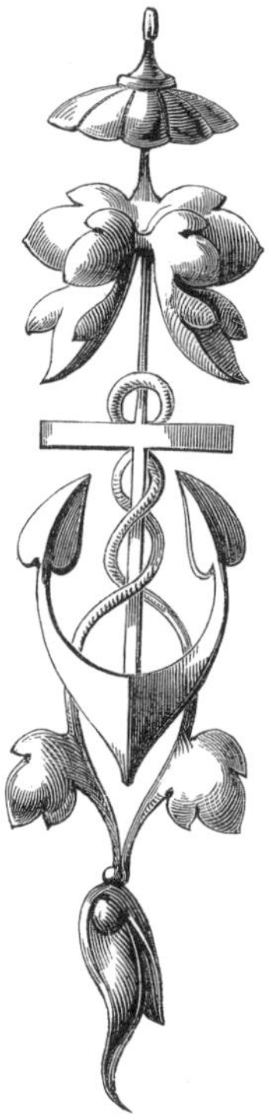

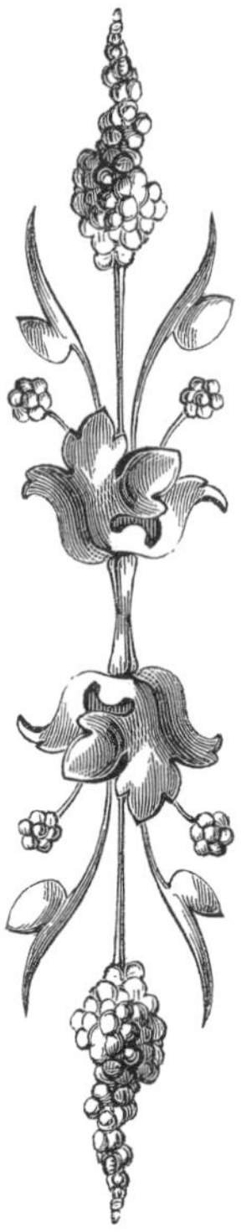

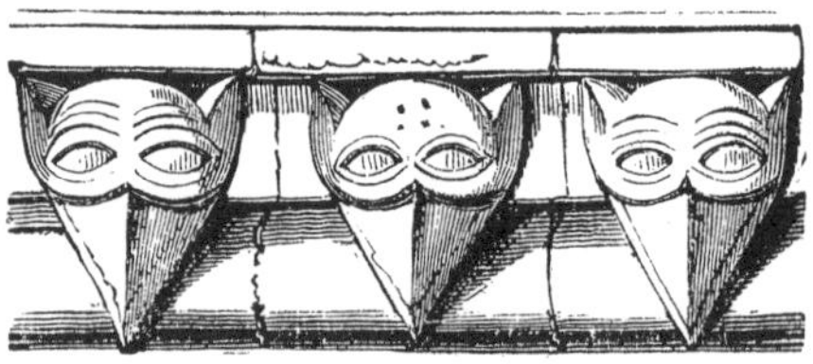
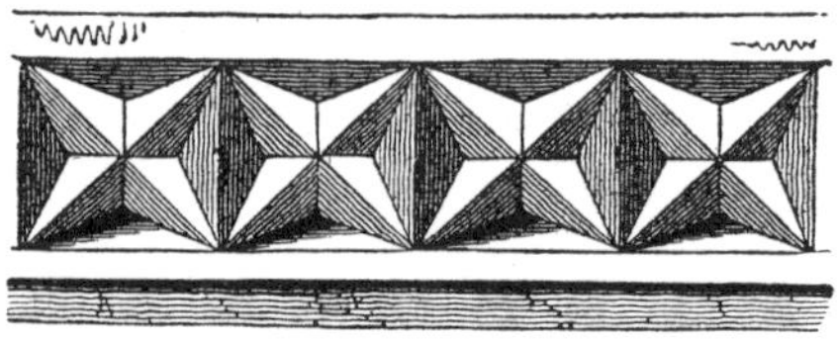